„BÜCHER SIND WIE FALLSCHIRME. SIE NÜTZEN UNS NICHTS, WENN WIR SIE NICHT ÖFFNEN.“

Gröls Verlag

Redaktionelle Hinweise und Impressum

Das vorliegende Werk wurde zugunsten der Authentizität sehr zurückhaltend bearbeitet. So wurden etwa ursprüngliche Rechtschreibfehler *nicht* systematisch behoben, denn kleine Unvollkommenheiten machen das Buch – wie im Übrigen den Menschen – erst authentisch. Mitunter wurden jedoch zum Beispiel Absätze behutsam neu getrennt, um den Lesefluss zu erleichtern.

Um die Texte zu rekonstruieren, werden antiquarische Bücher von Lesegeräten gescannt und dann durch eine Software lesbar gemacht. Der so entstandene Text wird von Menschen gegengelesen und korrigiert – hierbei treten auch Fehler auf. Wenn Sie ebenfalls antiquarische Texte einreichen möchten, finden Sie weitere Informationen auf www.groels.de

Viel Freude bei der Lektüre wünscht Ihnen das Team des Gröls-Verlags.

Adressen

Verleger: Sophia Gröls, Im Borngrund 26, 61440 Oberursel

Externer Dienstleister für Distribution & Herstellung: BoD, In de Tarpen 42, 22848 Norderstedt

Unsere „Edition | Werke der Weltliteratur“ hat den Anspruch, eine der größten und vollständigsten Sammlungen klassischer Literatur in deutscher Sprache zu sein. Nach und nach versammeln wir hier nicht nur die „üblichen Verdächtigen“ von Goethe bis Schiller, sondern auch Kleinode der vergangenen Jahrhunderte, die – zu Unrecht – drohen, in Vergessenheit zu geraten. Wir kultivieren und kuratieren damit einen der wertvollsten Bereiche der abendländischen Kultur. Kleine Auswahl:

Francis Bacon • Neues Organon • **Balzac** • Glanz und Elend der Kurtisanen • **Joachim H. Campe** • Robinson der Jüngere • **Dante Alighieri** • Die Göttliche Komödie • **Daniel Defoe** • Robinson Crusoe • **Charles Dickens** • Oliver Twist • **Denis Diderot** • Jacques der Fatalist • **Fjodor Dostojewski** • Schuld und Sühne • **Arthur Conan Doyle** • Der Hund von Baskerville • **Marie von Ebner-Eschenbach** • Das Gemeindekind • **Elisabeth von Österreich** • Das Poetische Tagebuch • **Friedrich Engels** • Die Lage der arbeitenden Klasse • **Ludwig Feuerbach** • Das Wesen des Christentums • **Johann G. Fichte** • Reden an die deutsche Nation • **Fitzgerald** • Zärtlich ist die Nacht • **Flaubert** • Madame Bovary • **Gorch Fock** • Seefahrt ist not! • **Theodor Fontane** • Effi Briest • **Robert Musil** • Über die Dummheit • **Edgar Wallace** • Der Frosch mit der Maske • **Jakob Wassermann** • Der Fall Maurizius • **Oscar Wilde** • Das Bildnis des Dorian Grey • **Émile Zola** • Germinal • **Stefan Zweig** • Schachnovelle • **Hugo von Hofmannsthal** • Der Tor und der Tod • **Anton Tschechow** • Ein Heiratsantrag • **Arthur Schnitzler** • Reigen • **Friedrich Schiller** • Kabale und Liebe • **Nicolo Machiavelli** • Der Fürst • **Gotthold E. Lessing** • Nathan der Weise • **Augustinus** • Die Bekenntnisse des heiligen Augustinus • **Marcus Aurelius** • Selbstbetrachtungen • **Charles Baudelaire** • Die Blumen des Bösen • **Harriett Stowe** • Onkel Toms Hütte • **Walter Benjamin** • Deutsche Menschen • **Hugo Bettauer** • Die Stadt ohne Juden • **Lewis Caroll** • *und viele mehr….*

Ludwig Tieck

Der gestiefelte Kater

Inhalt

Personen:

Der König
Die Prinzessin, *seine Tochter*
Prinz Nathanael *von Malsinki*
Leander, *Hofgelehrter*
Hanswurst, *Hofnarr*
Ein Kammerdiener
Der Koch
Lorenz, Barthel, Gottlieb, *Brüder und Bauern*
Hinze, *ein Kater*
Ein Wirt
Kunz, Michel, *Bauern*
Gesetz, *ein Popanz*
Ein Besänftiger
Der Dichter
Ein Soldat
Zwei Husaren
Zwei Liebende
Bediente
Musiker
Ein Bauer
Der Souffleur
Ein Schuhmacher
Ein Historiograph
Fischer, Müller, Schlosser, Bötticher, Leutner, Wiesener, Dessen Nachbar, *Zuschauer*
Elefanten
Löwen
Bären
Ein Amtmann
Adler und andere Vögel
Ein Kaninchen
Rebhühner
Jupiter
Tarkaleon
Der Maschinist
Gespenster
Affen
Das Publikum

Prolog

Die Szene ist im Parterre, die Lichter sind schon angezündet, die Musiker sind im Orchester versammelt. – Das Schauspiel ist voll, man schwatzt durcheinander, mehr Zuschauer kommen, einige drängen, andre beklagen sich. Die Musiker stimmen.

***Fischer, Müller, Schlosser, Bötticher** im Parterre, ebenso auf der andern Seite **Wiesener** und dessen **Nachbar**.*

Fischer: Aber ich bin doch in der Tat neugierig. – Lieber Herr Müller, was sagen Sie zu dem heutigen Stücke?

Müller: Ich hätte mir eher des Himmels Einfall vermutet, als ein solches Stück auf unserm großen Theater zu sehn – auf unserm National-Theater! Ei! ei! nach allen den Wochenschriften, den kostbaren Kleidungen, und den vielen, vielen Ausgaben!

Fischer: Kennen Sie das Stück schon?

Müller: Nicht im mindesten. – Einen wunderlichen Titel führt es: *Der gestiefelte Kater.* – Ich hoffe doch nimmermehr, daß man die Kinderpossen wird aufs Theater bringen.

Schlosser: Ist es denn vielleicht eine Oper?

Fischer: Nichts weniger, auf dem Komödienzettel steht: ein *Kindermärchen.*

Schlosser: Ein Kindermärchen? Aber ums Himmels willen, sind wir denn Kinder, daß man uns solche Stücke aufführen will? Es wird doch wohl nun und nimmermehr ein ordentlicher Kater aufs Theater kommen?

Fischer: Wie ich es mir zusammenreime, so ist es eine Nachahmung der neuen Arkadier, und es kommt ein verruchter Bösewicht, ein katerartiges Ungeheuer vor, mit dem es fast solche Bewandtnis, wie mit dem Tarkaleon hat, nur daß er etwa statt rot ums Maul, schwärzlich gefärbt ist.

Müller: Das wäre nun nicht übel, denn ich habe schon längst gewünscht, eine solche recht wunderbare Oper einmal ohne Musik zu sehn.

Fischer: Wie? Ohne Musik? Ohne Musik, Freund, ist dergleichen abgeschmackt, denn ich versichre Sie, Liebster, Bester, nur durch diese himmlische Kunst bringen wir alle die Dummheiten hinunter. Ei was, genau genommen sind wir über Fratzen und Aberglauben weg; die Aufklärung hat ihre Früchte getragen, wie sich's gehört.

Müller: So ist es wohl ein ordentliches Familiengemälde, und nur ein Spaß, gleichsam ein einladender Scherz mit dem Kater, nur eine Veranlassung, wenn ich so sagen darf, oder ein bizarrer Titel, Zuschauer anzulocken.

Schlosser: Wenn ich meine rechte Meinung sagen soll, so halte ich das Ganze für einen Pfiff, Gesinnungen, Winke unter die Leute zu bringen. Ihr werdet sehen, ob ich nicht recht habe. Ein Revolutionsstück, soviel ich begreife, mit abscheulichen Fürsten und Ministern, und dann ein höchst mystischer Mann, der sich mit einer geheimen Gesellschaft tief, tief unten in einem Keller versammelt, wo er als Präsident etwa verlarvt geht, damit ihn der gemeine Haufe für einen Kater hält. Nun da kriegen wir auf jeden

Fall tiefsinnige und religiöse Philosophie und Freimaurerei. Endlich fällt er als das Opfer der guten Sache. O du Edler! Freilich mußt du gestiefelt sein, um allen den Schurken die vielen Tritte in den gefühllosen Hintern geben zu können!

Fischer: Sie haben gewiß die richtige Einsicht, denn sonst würde ja der Geschmack abscheulich vor den Kopf gestoßen. Ich muß wenigstens gestehn, daß ich nie an Hexen oder Gespenster habe glauben können, viel weniger an den gestiefelten Kater.

Müller: Es ist das Zeitalter für diese Phantome nicht mehr.

Schlosser: Doch, nach Umständen. Könnte nicht in recht bedrängter Lage ein großer Abgeschiedener unerkannt als Hauskater im Palast wandeln, und sich zur rechten Zeit wundertätig zu erkennen geben? Das begreift sich ja mit der Vernunft, wenn es höheren und mystischen Endzwecken dient. – Da kömmt ja Leutner, der wird uns vielleicht mehr sagen können.

__Leutner__ drängt sich durch.

Leutner: Guten Abend, guten Abend! Nun, wie geht's?

Müller: Sagen Sie uns nur, wie es mit dem heutigen Stücke beschaffen ist.

Die Musik fängt an.

Leutner: Schon so spät? Da komm ich ja grade zur rechten Zeit. – Mit dem Stücke? Ich habe soeben den Dichter gesprochen, er ist auf dem Theater und hilft den Kater anziehn.

Viele Stimmen: Hilft? – der Dichter? – den Kater? – Also kommt doch ein Kater vor?

Leutner: Ja freilich, und er steht ja auch auf dem Zettel.

Fischer: Wer spielt ihn denn?

Leutner. Je, der fremde Akteur, der große Mann.

Bötticher: Da werden wir einen Göttergenuß haben. Ei, wie doch dieser Genius, der alle Charaktere so innig fühlt und fein nuanciert, dieses Individuum eines Katers herausarbeiten wird! Ohne Zweifel ideal, im Sinn der Alten, nicht unähnlich dem Pygmalion, nur Soccus hier, wie dort Kothurn. Doch sind Stiefeln freilich Kothurne, und keine Socken. Ich schwebe noch im Dilemma des Zweifels. – Oh, meine Herren, nur ein wenig Raum für meine Schreibtafel und Bemerkungen.

Müller: Aber wie kann man denn solches Zeug spielen?

Leutner: Der Dichter meint, zur Abwechselung –

Fischer: Eine schöne Abwechselung! Warum nicht auch den Blaubart, und Rotkäppchen oder Däumchen? Ei! der vortrefflichen Sujets fürs Drama!

Müller: Wie werden sie aber den Kater anziehn? – Und ob er denn wirkliche Stiefeln trägt?

Leutner: Ich bin ebenso begierig wie Sie alle.

Fischer: Aber wollen wir uns denn wirklich solch Zeug vorspielen lassen? Wir sind zwar aus Neugier hergekommen, aber wir haben doch Geschmack.

Müller: Ich habe große Lust zu pochen.

Leutner: Es ist überdies etwas kalt. Ich mache den Anfang.

Er trommelt, die übrigen akkompagnieren.

Wiesener *auf der andern Seite:* Weswegen wird denn gepocht?

Leutner: Den guten Geschmack zu retten.

Wiesener: Nun, da will ich auch nicht der letzte sein. *Er trommelt.*

Stimmen: Still! Man kann ja die Musik nicht hören.

Alles trommelt.

Schlosser: Aber man sollte doch das Stück auf jeden Fall erst zu Ende spielen lassen, denn man hat sein Geld ausgegeben, und in der Komödie wollen wir doch einmal sein; aber hernach wollen wir pochen, daß man es vor der Tür hört.

Alle: Nein, jetzt, jetzt – der Geschmack – die Regeln – die Kunst – alles geht sonst zugrunde.

***Ein Lampenputzer** erscheint auf dem Theater.*

Lampenputzer: Meine Herren, soll man die Wache hereinschicken?

Leutner: Wir haben bezahlt, wir machen das Publikum aus, und darum wollen wir auch unsern eignen guten Geschmack haben und keine Possen.

Lampenputzer: Aber das Pochen ist ungezogen und beweist, daß Sie keinen Geschmack haben. Hier bei uns wird nur geklatscht und bewundert; denn solch honettes Theater, wie das unsre hier, wächst nicht auf den Bäumen, müssen Sie wissen.

***Der Dichter** hinter dem Theater.*

Dichter: Das Stück wird sogleich seinen Anfang nehmen.

Müller: Kein Stück – wir wollen kein Stück – wir wollen guten Geschmack –

Alle: Geschmack! Geschmack!

Dichter: Ich bin in Verlegenheit; – was meinen Sie, wenn ich fragen darf!

Schlosser: Geschmack! – Sind Sie ein Dichter, und wissen nicht einmal, was Geschmack ist?

Dichter: Bedenken Sie, einen jungen Anfänger –

Schlosser: Wir wollen nichts von Anfänger wissen – wir wollen ein ordentliches Stück sehn – ein geschmackvolles Stück!

Dichter: Von welcher Sorte? Von welcher Farbe?

Müller: Familiengeschichten.

Leutner: Lebensrettungen.

Fischer: Sittlichkeit und deutsche Gesinnung.

Schlosser: Religiös erhebende, wohltuende geheime Gesellschaften!

Wiesener: Hussiten und Kinder!

Nachbar: Recht so, und Kirschen dazu, und Viertelsmeister!

__Der Dichter__ kommt hinter dem Vorhange hervor.

Dichter: Meine Herren –

Alle: Ist der der Dichter?

Fischer: Er sieht wenig wie ein Dichter aus.

Schlosser: Naseweis.

Dichter: Meine Herren – verzeihen Sie meiner Keckheit –

Fischer: Wie können Sie solche Stücke schreiben? Warum haben Sie sich nicht gebildet?

Dichter: Vergönnen Sie mir nur eine Minute Gehör, ehe Sie mich verdammen. Ich weiß, daß ein verehrungswürdiges Publikum den Dichter richten muß, daß von Ihnen keine Appellation stattfindet; aber ich kenne auch die Gerechtigkeitsliebe eines verehrungswürdigen Publikums, daß es mich nicht von einer Bahn zurückschrecken wird, auf welcher ich seiner gütigen Leitung und seiner Einsichten so sehr bedarf.

Fischer: Er spricht nicht übel.

Müller: Er ist höflicher, als ich dachte.

Schlosser: Er hat doch Respekt vor dem Publikum.

Dichter: Ich schäme mich, die Eingebung meiner Muse so erleuchteten Richtern vorzuführen, und nur die Kunst unsrer Schauspieler tröstet mich noch einigermaßen, sonst würde ich ohne weitere Umstände in Verzweiflung versinken.

Fischer: Er dauert mich.

Müller: Ein guter Kerl!

Dichter: Als ich Dero gütiges Pochen vernahm – noch nie hat mich etwas dermaßen erschreckt, ich bin noch bleich und zittre, und begreife selbst nicht, wie ich zu der Kühnheit komme, so vor Ihnen zu erscheinen.

Leutner: So klatscht doch!

Alle klatschen.

Dichter: Ich wollte einen Versuch machen, durch Laune, wenn sie mir gelungen ist, durch Heiterkeit, ja, wenn ich es sagen darf, durch Possen zu belustigen, da uns unsre neusten Stücke so selten zum Lachen Gelegenheit geben.

Müller: Das ist auch wahr.

Leutner: Er hat recht – der Mann.

Schlosser: Bravo! bravo!

Alle: Bravo! bravo! *Sie klatschen.*

Dichter: Mögen Sie, Verehrungswürdige, jetzt entscheiden, ob mein Versuch nicht ganz zu verwerfen sei. Mit Zittern zieh ich mich zurück, und das Stück wird seinen Anfang nehmen. *Er verbeugt sich sehr ehrerbietig und geht hinter den Vorhang.*

Alle: Bravo! bravo!

Stimme von der Galerie: *Da capo! –*

Alles lacht. Die Musik fängt wieder an, indem geht der Vorbang auf.

Erster Akt

Erste Szene

Kleine Bauernstube.

***Lorenz, Barthel, Gottlieb. Der Kater Hinz** liegt auf einem Schemel am Ofen.*

Lorenz: Ich glaube, daß nach dem Ableben unsers Vaters unser kleines Vermögen sich bald wird einteilen lassen. Ihr wißt, daß der selige Mann nur drei Stück von Belang zurückgelassen hat: ein Pferd, einen Ochsen und jenen Kater dort. Ich, als der Älteste, nehme das Pferd, Barthel, der nächste nach mir, bekömmt den Ochsen, und so bleibt denn natürlicherweise für unsern jüngsten der Kater übrig.

Leutner, *im Parterre:* Um Gottes willen! hat man schon eine solche Exposition gesehn! Man sehe doch, wie tief die dramatische Kunst gesunken ist!

Müller: Aber ich habe doch alles recht gut verstanden.

Leutner: Das ist ja eben der Fehler, man muß es dem Zuschauer so verstohlenerweise unter den Fuß geben, ihm aber nicht so geradezu in den Bart werfen.

Müller: Aber man weiß doch nun, woran man ist.

Leutner: Das muß man ja durchaus nicht so geschwind wissen; daß man so nach und nach hineinkömmt, ist ja eben der beste Spaß.

Schlosser: Die Illusion leidet darunter, das ist ausgemacht.

Barthel: Ich glaube, Bruder Gottlieb, du wirst auch mit der Einteilung zufrieden sein, du bist leider der jüngste, und da mußt du uns einige Vorrechte lassen.

Gottlieb: Freilich wohl.

Schlosser: Aber warum mischt sich denn das Pupillenkollegium nicht in die Erbschaft? das sind ja Unwahrscheinlichkeiten, die unbegreiflich bleiben!

Lorenz: So wollen wir denn nur gehn, lieber Gottlieb, lebe wohl, laß dir die Zeit nicht lang werden.

Gottlieb: Adieu.

Die Brüder gehn ab.

Gottlieb *allein. Monolog:* Sie gehn fort – und ich bin allein. – Wir haben alle drei unsre Hütten; Lorenz kann mit seinem Pferde doch den Acker bebauen, Barthel kann seinen Ochsen schlachten und einsalzen, und eine Zeitlang davon leben – aber was soll ich armer Unglückseliger mit meinem Kater anfangen? – Höchstens kann ich mir aus seinem Felle für den Winter einen Muff machen lassen; aber ich glaube, er ist jetzt noch dazu in der Mauße. – Da liegt er und schläft ganz ruhig. – Armer Hinze! Wir werden uns bald trennen müssen. Es tut mir leid, ich habe ihn auferzogen, ich kenne ihn, wie mich selber – aber er wird daran glauben müssen, ich kann mir nicht helfen, ich muß ihn wahrhaftig verkaufen. – Er sieht mich an, als wenn er mich verstände; es fehlt wenig, so fang ich an zu weinen. *Er geht in Gedanken auf und ab.*

Müller: Nun, seht ihr wohl, daß es ein rührendes Familiengemälde wird? Der Bauer ist arm und ohne Geld, er wird nun in der äußersten Not sein treues Haustier verkaufen, an irgendein empfindsames Fräulein, und dadurch wird am Ende sein Glück gegründet werden. Sie verliebt sich in ihn und heiratet ihn. Es ist eine Nachahmung vom *Papagei* von Kotzebue; aus dem Vogel ist hier eine Katze gemacht, und das Stück findet sich von selbst.

Fischer: Nun es so kömmt, bin ich auch zufrieden.

Hinze der Kater *richtet sich auf, dehnt sich, macht einen hohen Buckel, gähnt und spricht dann:* Mein lieber Gottlieb, ich habe ein ordentliches Mitleiden mit Euch.

Gottlieb *erstaunt:* Wie, Kater, du sprichst?

Die Kunstrichter, *im Parterre:* Der Kater spricht? – Was ist denn das?

Fischer: Unmöglich kann ich da in eine vernünftige Illusion hineinkommen.

Müller: Eh ich mich so täuschen lasse, will ich lieber zeitlebens kein Stück wieder sehn.

Hinze: Warum soll ich nicht sprechen können, Gottlieb?

Gottlieb: Ich hätt es nicht vermutet, ich habe zeitlebens noch keine Katze sprechen hören.

Hinze: Ihr meint, weil wir nicht immer in alles mitreden, wären wir gar Hunde.

Gottlieb: Ich denke, ihr seid bloß dazu da, Mäuse zu fangen.

Hinze: Wenn wir nicht im Umgange mit den Menschen eine gewisse Verachtung gegen die Sprache bekämen, so könnten wir alle sprechen.

Gottlieb: Nun, das gesteh ich! – Aber warum laßt ihr euch denn so gar nichts merken?

Hinze: Um uns keine Verantwortung zuzuziehen; denn wenn uns sogenannten Tieren noch erst die Sprache angeprügelt würde, so wäre gar keine Freude mehr auf der Welt. Was muß der Hund nicht alles tun und lernen! Wie wird das Pferd gemartert! Es sind dumme Tiere, daß sie sich ihren Verstand merken lassen, sie müssen ihrer Eitelkeit durchaus nachgeben; aber wir Katzen sind noch immer das freieste Geschlecht, weil wir uns bei aller unsrer Geschicklichkeit so ungeschickt anzustellen wissen, daß es der Mensch ganz aufgibt, uns zu erziehen.

Gottlieb: Aber warum entdeckst du mir das alles?

Hinze: Weil Ihr ein guter, ein edler Mann seid, einer von den wenigen, die keinen Gefallen an Dienstbarkeit und Sklaverei finden; seht, darum entdecke ich mich Euch ganz und gar.

Gottlieb, *reicht ihm die Hand:* Braver Freund!

Hinze: Die Menschen stehn in dem Irrtume, daß an uns jenes seltsame Murren, das aus einem gewissen Wohlbehagen entsteht, das einzige Merkwürdige sei; sie streicheln uns daher oft auf eine ungeschickte Weise, und wir spinnen dann gewöhnlich nur, um uns vor Schlägen zu sichern. Wüßten sie aber mit uns auf die wahre Art umzugehn, glaube mir, sie würden unsre gute Natur zu allem gewöhnen, und Michel, der Kater bei Eurem Nachbar, läßt es sich ja auch zuweilen gefallen, für den König durch einen Tonnenband zu springen.

Gottlieb: Da hast du recht.

Hinze: Ich liebe Euch, Gottlieb, ganz vorzüglich. Ihr habt mich nie gegen den Strich gestreichelt, Ihr habt mich schlafen lassen, wenn es mir recht war, Ihr habt Euch widersetzt, wenn Eure Brüder mich manchmal aufnehmen wollten, um mit mir ins Dunkle zu gehn, und die sogenannten elektrischen Funken zu beobachten – für alles dieses will ich nun dankbar sein.

Gottlieb: Edelmütiger Hinze! Ha, mit welchem Unrecht wird von euch schlecht und verächtlich gesprochen, eure Treue und Anhänglichkeit bezweifelt! Die Augen gehn mir auf; welchen Zuwachs von Menschenkenntnis bekomme ich so unerwartet!

Fischer: Freunde, wo ist unsre Hoffnung auf ein Familiengemälde geblieben?

Leutner: Es ist doch fast zu toll.

Schlosser: Ich bin wie im Traum.

Hinze: Ihr seid ein braver Mann, Gottlieb – nehmt's mir nicht übel – Ihr seid etwas eingeschränkt, borniert, keiner der besten Köpfe, wenn ich frei heraus sprechen soll.

Gottlieb: Ach Gott nein.

Hinze: Ihr wißt zum Beispiel jetzt nicht, was Ihr anfangen wollt.

Gottlieb: Du hast ganz meine Gedanken.

Hinze: Wenn Ihr Euch auch einen Muff aus meinem Pelze machen ließet –

Gottlieb: Nimm's nicht übel, Kamerad, daß mir das vorher durch den Kopf fuhr.

Hinze: Ach nein, es war ein ganz menschlicher Gedanke. Wißt Ihr kein Mittel, Euch durchzubringen?

Gottlieb: Kein einziges.

Hinze: Ihr könntet mit nur herumziehn und mich für Geld sehen lassen – aber das ist immer keine sichre Lebensart.

Gottlieb: Nein.

Hinze: Ihr könntet vielleicht ein Naturdichter werden, aber dazu seid Ihr zu gebildet; Ihr könntet an ästhetischen Journalen mitarbeiten, aber, wie gesagt, Ihr seid keiner der besten Köpfe, die dazu immer verlangt werden; da müßtet Ihr noch Jahr und Tag abwarten, weil es nachher nicht mehr so genau genommen wird, denn nur die neuen Besen kehren scharf – aber das Ding ist überhaupt zu umständlich.

Gottlieb: Ja wohl.

Hinze: Nun, ich will schon noch besser für Euch sorgen; verlaßt Euch drauf, daß Ihr durch mich noch ganz glücklich werden sollt.

Gottlieb: O bester, edelmütigster Mann! *Er umarmt ihn zärtlich.*

Hinze: Aber Ihr müßt mir auch trauen.

Gottlieb: Vollkommen, ich kenne ja jetzt dein redliches Gemüt.

Hinze: Nun so tut mir den Gefallen und holt mir sogleich den Schuhmacher, daß er mir ein Paar Stiefeln anmesse.

Gottlieb: Den Schuhmacher? – Stiefeln?

Hinze: Ihr wundert Euch; aber bei dem, was ich für Euch zu tun gesonnen bin, habe ich so viel zu gehn und zu laufen, daß ich notwendig Stiefeln tragen muß.

Gottlieb: Aber warum nicht Schuh?

Hinze: Gottlieb, Ihr versteht das Ding nicht, ich muß dadurch ein Ansehn bekommen, ein imponierendes Wesen, kurz, eine gewisse Männlichkeit, die man in Schuhen zeitlebens nicht hat.

Gottlieb: Nun, wie du meinst – aber der Schuster wird sich wundern.

Hinze: Gar nicht, man muß nur nicht tun, als wenn es etwas Besondres wäre, daß ich Stiefeln tragen will; man gewöhnt sich an alles.

Gottlieb: Ja wohl, ist mir doch der Diskurs mit dir ordentlich ganz geläufig geworden. – Aber noch eins, da wir jetzt so gute Freunde geworden sind, so nenne mich doch auch *du*; warum wollen wir noch Komplimente miteinander machen; macht die Liebe nicht alle Stände gleich?

Hinze: Wie du willst.

Gottlieb: Da geht gerade der Schuhmacher vorbei. – He! pst! Herr Gevatter Leichdorn! Will Er wohl einen Augenblick bei mir einsprechen?

Der Schuhmacher kommt herein.

Schuhmacher: Prosit! – Was gibt's Neues?

Gottlieb: Ich habe lange keine Arbeit bei Ihm bestellt –

Schuhmacher: Nein, Herr Gevatter, ich habe jetzt überhaupt gar wenig zu tun.

Gottlieb: Ich möchte mir wohl wieder ein Paar Stiefeln machen lassen –

Schuhmacher: Setz Er sich nur nieder, das Maß hab ich bei mir.

Gottlieb: Nicht für mich, sondern für meinen jungen Freund da.

Schuhmacher: Für den da? – Gut.

Hinze setzt sich auf einen Stuhl nieder, und hält das rechte Bein hin.

Schuhmacher: Wie beliebt Er denn Musje?

Hinze: Erstlich, gute Sohlen, dann braune Klappen, und vor allen Dingen steif.

Schuhmacher: Gut. – *Er nimmt Maß*. – Will Er nicht so gut sein – die Krallen – oder Nägel etwas einzuziehen? Ich habe mich schon gerissen.

Hinze: Und schnell müssen sie fertig werden. *Da ihm das Bein gestreichelt wird, fängt er wider Willen an zu spinnen.*

Schuhmacher: Der Musje ist recht vergnügt.

Gottlieb: Ja, er ist ein aufgeräumter Kopf, er ist erst von der Schule gekommen, was man so einen Vokativus nennt.

Schuhmacher: Na, adjes. *Ab.*

Gottlieb: Willst du dir nicht etwa auch den Bart scheren lassen.

Hinze: Beileibe nicht, ich sehe so weit ehrwürdiger aus, und du weißt ja wohl, daß wir Katzen dadurch unmännlich und verächtlich werden. Ein Kater ohne Bart ist nur ein jämmerliches Geschöpf.

Gottlieb: Wenn ich nur wüßte, was du vorhast?

Hinze: Du wirst es schon gewahr werden. – Jetzt will ich noch ein wenig auf den Dächern spazierengehn, es ist da oben eine hübsche freie Aussicht, und man erwischt auch wohl eine Taube.

Gottlieb: Als guter Freund will ich dich warnen, daß sie dich nicht dabei ertappen; die Menschen denken meist in diesem Punkt sehr unbillig.

Hinze: Sei unbesorgt, ich bin kein Neuling. – Adieu unterdessen. *Geht ab.*

Gottlieb *allein:* In der Naturgeschichte steht, daß man den Katzen nicht trauen könne, und daß sie zum Löwengeschlechte gehören, und ich habe vor einem Löwen eine gar erbärmliche Furcht; auch sagt man im Sprichwort: falsch wie eine Katze; wenn also nun der Kater kein Gewissen hätte, so könnte er mir mit den Stiefeln nachher davonlaufen, für die ich mein letztes Geld hingeben muß, und sie irgendwo vertrödeln, oder er könnte sich beim Schuhmacher dadurch beliebt machen wollen, und nachher bei ihm in Dienste treten. – Aber der hat ja schon einen Kater. – Nein, Hinz, meine Brüder haben mich betrogen, und deswegen will ich es mit deinem Herzen versuchen. – Er sprach so edel, er war so gerührt – da sitzt er drüben auf dem Dache und putzt sich den Bart – vergib mir, erhabener Freund, daß ich an deinem Großsinn nur einen Augenblick zweifeln konnte. *Er geht ab.*

Fischer: Welcher Unsinn!

Müller: Warum der Kater nur die Stiefeln braucht, um besser gehn zu können! – dummes Zeug!

Schlosser: Es ist aber, als wenn ich einen Kater vor mir sähe!

Leutner: Stille! Es wird verwandelt

Zweite Szene

Saal im koniglichen Palast.

***Der König** mit Krone und Zepter. **Die Prinzessin**, seine Tochter.*

König: Schon tausend schöne Prinzen, wertgeschätzte Tochter, haben sich um dich beworben und dir ihre Königreiche zu Füßen gelegt, aber du hast ihrer immer nicht geachtet; sage uns die Ursach davon, mein Kleinod.

Prinzessin: Mein allergnädigster Herr Vater, ich habe immer geglaubt, daß mein Herz erst einige Empfindungen zeigen müsse, ehe ich meinen Nacken in das Joch des Ehestandes beugte. Denn eine Ehe ohne Liebe, sagt man, ist die wahre Hölle auf Erden.

König: Recht so, meine liebe Tochter. Ach, wohl, wohl hast du da ein wahres Wort gesagt: eine Hölle auf Erden! Ach, wenn ich doch nicht darüber mitsprechen könnte! Wär ich doch lieber unwissend geblieben! Aber so, teures Kleinod, kann ich ein Liedchen davon singen, wie man zu sagen pflegt. Deine Mutter, meine höchst selige Gemahlin – ach, Prinzessin, sieh, die Tränen stehn mir noch auf meinen alten Tagen in den Augen – sie war eine gute Fürstin, sie trug die Krone mit einer unglaublichen Majestät – aber mir hat sie gar wenige Ruhe gelassen. – Nun, sanft ruhe ihre Asche neben ihren fürstlichen Anverwandten!

Prinzessin: Ihro Majestät erhitzen sich zu sehr.

König: Wenn mir die Erinnerung davon zurückkömmt – o mein Kind, auf meinen Knieen möcht ich dich beschwören – nimm dich beim Verheiraten ja in acht. – Es ist eine große Wahrheit, daß man Leinewand und einen Bräutigam nicht bei Lichte kaufen müsse; eine erhabene Wahrheit, die jedes Mädchen mit goldenen Buchstaben in ihr Schlafzimmer sollte schreiben lassen. – Was hab ich gelitten! Kein Tag verging ohne Zank, ich konnte nicht in Ruhe schlafen, ich konnte die Reichsgeschäfte nicht mit Bequemlichkeit verwalten, ich konnte über nichts denken, ich konnte mit Verstand keine Zeitung lesen – bei Tische, beim besten Braten, beim gesundesten Appetit, immer mußte ich alles nur mit Verdruß hinunterwürgen, so wurde gezankt, gescholten, gegrämelt, gebrummt, gemault, gegrollt, geschmollt, gekeift, gebissen, gemurrt, geknurrt und geschnurrt, daß ich mir oft an der Tafel mitten unter den Gerichten den Tod gewünscht habe. – Und doch sehnt sich mein Geist, verewigte Klotilde, jezuweilen nach dir zurück. – Es beißt mir in den Augen – ich bin ein rechter alter Narr.

Prinzessin *zärtlich:* Mein Vater!

König: Ich zittre, wenn ich überhaupt an alle die Gefahren denke, die dir bevorstehn; denn wenn du dich nun auch wirklich verlieben solltest, meine Tochter, wenn dir auch die zärtlichste Gegenliebe zuteil würde – ach, Kind, sieh, so dicke Bücher haben weise Männer vollgeschrieben, oft eng gedruckt, um die Gefahren der Liebe darzustellen; eben Liebe und Gegenliebe können sich doch elend machen: das glücklichste, das seligste Gefühl kann uns zugrunde richten; die Liebe ist gleichsam ein künstlicher Vexierbecher, statt Nektar trinken wir oft Gift, dann ist unser Lager von Tränen naß, alle Hoffnung, aller Trost ist dahin. – *Man hört blasen.* Es ist doch noch nicht Tischzeit? – Gewiß wieder ein neuer Prinz, der sich in dich verlieben will. – Hüte dich, meine Tochter, du bist mein einziges Kind, und du glaubst nicht, wie sehr mir dein Glück am Herzen liegt. *Er küßt sie und geht ab, im Parterre wird geklatscht.*

Fischer: Das ist doch einmal eine Szene, in der gesunder Menschenverstand anzutreffen ist.

Schlosser: Ich bin auch gerührt.

Müller: Es ist ein trefflicher Fürst.

Fischer: Mit der Krone brauchte er nun gerade nicht aufzutreten.

Schlosser: Es stört die Teilnahme ganz, die man für ihn als zärtlichen Vater hat.

Die Prinzessin *allein:* Ich begreife gar nicht, warum noch keiner von den Prinzen mein Herz mit Liebe gerührt hat. Die Warnungen meines Vaters liegen mir immer im Gedächtnis; er ist ein großer

Fürst, und dabei doch ein guter Vater; mein Glück steht ihm beständig vor Augen; er ist vom Volk geliebt, er hat Talente und Reichtümer, er ist sanft wie ein Lamm, aber plötzlich kann ihn der wildeste Zorn übereilen, daß er sich und seine Bestimmung vergißt. Ja, so ist Glück immer mit Unglück gepaart. Meine Freude sind die Wissenschaften und die Künste, Bücher machen all mein Glück aus.

__Die Prinzessin, Leander__, der Hofgelehrte.

Prinzessin: Sie kommen gerade recht, Herr Hofgelehrter.

Leander: Ich bin zu den Befehlen Euer Königlichen Hoheit.

Setzen sich.

Prinzessin: Hier ist mein Versuch, ich hab
ihn *Nachtgedanken* überschrieben.

Leander *liest:* Trefflich! Geistreich! – Ach! mir ist, als hör ich die mitternächtliche Stunde zwölfe schlagen. Wann haben Sie das geschrieben?

Prinzessin: Gestern mittag, nach dem Essen.

Leander: Schön gedacht! Wahrlich schön gedacht! – Aber, mit gnädigster Erlaubnis: – "Der Mond scheint betrübt in *der* Welt herein" – wenn Sie es nicht ungnädig vermerken wollen, so muß es heißen: in *die* Welt.

Prinzessin: Schon gut, ich will es mir für die Zukunft merken. Es ist einfältig, daß einem das Dichten so schwer gemacht wird; man kann keine Zeile schreiben, ohne einen Sprachfehler zu machen.

Leander: Das ist der Eigensinn unsrer Sprache.

Prinzessin: Sind die Gefühle nicht zart und fein gehalten?

Leander: Unbeschreiblich, o so – wie soll ich sagen? – so zart und lieblich ausgezaselt, so fein gezwirnt; alle die Pappeln und Tränenweiden, und der goldne Mondenschein hineinweinend, und dann das murmelnde Gemurmel des murmelnden Gießbachs – man begreift kaum, wie ein sanfter weiblicher Geist den großen Gedanken nicht hat unterliegen müssen, ohne sich vor dem Kirchhofe und den blaß verwaschenen Geistern der Mitternacht bis zur Vernichtung zu entsetzen.

Prinzessin: Jetzt will ich mich nun in die griechischen und antiken Versmaße werfen; ich möchte einmal die romantische Unbestimmtheit verlassen, und mich an der plastischen Natur versuchen.

Leander: Sie kommen notwendig immer weiter, Sie steigen immer höher.

Prinzessin: Ich habe auch ein Stück angefangen: *Der unglückliche Menschenhasser*; oder: *Verlorne Ruhe und wiedererworbne Unschuld.*

Leander: Schon der bloße Titel ist bezaubernd.

Prinzessin: Und dann fühle ich einen unbegreiflichen Drang in mir, irgendeine gräßliche Geistergeschichte zu schreiben. – Wie gesagt, wenn nur die Sprachfehler nicht wären!

Leander: Kehren Sie sich daran nicht, Unvergleichliche, die lassen sich leicht herausstreichen.

Kammerdiener tritt auf.

Kammerdiener: Der Prinz von Malsinki, der eben angekommen ist, will Ew. Königlichen Hoheit seine Aufwartung machen. *Ab.*

Leander: So empfehle ich mich untertänigst. *Geht ab.*

***Prinz Nathanael von Malsinki** und der **König** kommen.*

König: Hier, Prinz, ist meine Tochter, ein junges einfältiges Ding, wie Sie sie da vor sich sehn. – *Beiseit:* Artig, meine Tochter, höflich, er ist ein angesehener Prinz, weit her, sein Land steht gar nicht einmal auf meiner Landkarte, ich habe schon nachgesehn; ich habe einen erstaunlichen Respekt vor ihm.

Prinzessin: Ich freue mich, daß ich das Vergnügen habe, Sie kennenzulernen.

Nathanael: Schöne Prinzessin, der Ruf Ihrer Schönheit hat so sehr die ganze Welt durchdrungen, daß ich aus einem weit entlegenen Winkel hieherkomme, Sie von Angesicht zu Angesicht zu sehn.

König: Es ist doch erstaunlich, wie viele Länder und Königreiche es gibt! Sie glauben nicht, wieviel tausend Kronprinzen schon hier gewesen sind, sich um meine Tochter zu bewerben; zu Dutzenden kommen sie oft an, besonders wenn das Wetter schön ist – und Sie kommen nun gar – verzeihen Sie, die Topographie ist eine gar weitläufige Wissenschaft in welcher Gegend liegt Ihr Land?

Nathanael: Mächtiger König, wenn Sie von hier aus reisen, erst die große Chaussee hinunter, dann schlagen Sie sich rechts und immer fort so; wenn Sie aber an einen Berg kommen, dann wieder links, dann geht man zur See und fährt immer nördlich (wenn es der Wind nämlich zugibt), und so kömmt man, wenn die Reise glücklich geht, in anderthalb Jahren in meinem Reiche an.

König: Der Tausend! das muß ich mir von meinem Hofgelehrten deutlich machen lassen. – Sie sind wohl vielleicht ein Nachbar vom Nordpol, oder Zodiakus, oder dergleichen?

Nathanael: Daß ich nicht wüßte.

König: Vielleicht so nach den Wilden zu?

Nathanael: Ich bitte um Verzeihung, alle meine Untertanen sind sehr zahm.

König: Aber Sie müssen doch verhenkert weit wohnen. Ich kann mich immer noch nicht daraus finden.

Nathanael: Man hat noch keine genaue Geographie von meinem Lande; ich hoffe täglich mehr zu entdecken, und so kann es leicht kommen, daß wir am Ende noch Nachbarn werden.

König: Das wäre vortrefflich! Und wenn uns am Ende ein paar Länder noch im Wege stehen, so helfe ich Ihnen mit entdecken. Mein Nachbar ist so nicht mein guter Freund und er hat ein vortreffliches Land; alle Rosinen kommen von dort her, das möcht ich gar zu gerne haben. – Aber noch eins, sagen Sie mir nur, da Sie so weit weg wohnen, wie Sie unsre Sprache so geläufig sprechen können?

Nathanael: Still!

König: Wie?

Nathanael: Still! Still!

König: Ich versteh nicht.

Nathanael *leise zu ihm*: Sein Sie doch ja damit ruhig, denn sonst merkt es ja am Ende das Publikum da unten, daß das eben sehr unnatürlich ist.

König: Schadet nicht, es hat vorher geklatscht und da kann ich ihm schon etwas bieten.

Nathanael: Sehn Sie, es geschieht ja bloß dem Drama zu Gefallen, daß ich Ihre Sprache rede, denn sonst ist es allerdings unbegreiflich.

König: Ach so! Ja freilich, den Damen und den Dramen tut man manches zu Gefallen, und muß oft Fünfe gerade sein lassen. – Nun kommen Sie, Prinz, der Tisch ist gedeckt! *Der Prinz führt die Prinzessin ab, der König geht voran.*

Fischer. Verfluchte Unnatürlichkeiten sind da in dem Stück!

Schlosser: Und der König bleibt seinem Charakter gar nicht getreu.

Leutner: Am meisten erbosen mich immer Widersprüche und Unnatürlichkeiten. Warum kann denn nur der Prinz nicht ein bißchen eine fremde Sprache reden, die sein Dolmetscher verdeutschte? warum macht denn die Prinzessin nicht zuweilen einen Sprachfehler, da sie selber gesteht, daß sie unrichtig schreibt?

Müller: Freilich! freilich! – das Ganze ist ausgemacht dummes Zeug; der Dichter vergißt immer selber, was er den Augenblick vorher gesagt hat.

Dritte Szene

Vor einem Wirtshause.

***Lorenz, Kunz, Michel**, sitzen auf einer Bank, **der Wirt**.*

Lorenz: Ich werde wohl gehn müssen, denn ich habe noch einen weiten Weg bis nach Hause.

Wirt: Ihr seid ein Untertan des Königs?

Lorenz: Ja wohl. – Wie nennt Ihr Euren Fürsten?

Wirt: Man nennt ihn nur *Popanz.*

Lorenz: Das ist ein närrischer Titel. Hat er denn sonst keinen Namen?

Wirt: Wenn er die Edikte ausgehn läßt, so heißt es immer: zum Besten des Publikums verlangt das *Gesetz*. – Ich glaube daher, das ist sein eigentlicher Name: alle Bittschriften werden auch immer beim Gesetz eingereicht. Es ist ein furchtbarer Mann.

Lorenz: Ich stehe doch lieber unter einem Könige, ein König ist doch vornehmer. Man sagt, der Popanz sei ein sehr ungnädiger Herr.

Wirt: Gnädig ist er nicht besonders, das ist nun wohl wahr, dafür ist er aber auch die Gerechtigkeit selbst; von auswärts sogar werden ihm oft die Prozesse zugeschickt, und er muß sie schlichten.

Lorenz: Man erzählt wunderliche Sachen von ihm; er soll sich in alle Tiere verwandeln können.

Wirt: Das ist wahr, und so geht er oft inkognito umher, und erforscht die Gesinnungen seiner Untertanen; wir trauen daher auch keiner fremden Katze, keinem unbekannten Hunde, weil wir immer denken, unser Herr könnte wohl dahinterstecken.

Lorenz: Da sind wir doch auch besser dran; unser König geht nie aus, ohne Krone, Mantel und Zepter anzuziehn, man kennt ihn daher auch auf tausend Schritt. – Nun, gehabt Euch wohl. *Geht ab.*

Wirt: Nun ist er schon in seinem Lande.

Kunz: Ist die Grenze so nah?

Wirt: Freilich, jener Baum gehört schon dem König; man kann von hier alles sehn, was im Lande dort vorfällt. Die Grenze hier macht noch mein Glück, ich wäre schon längst bankerott geworden, wenn mich nicht noch die Deserteurs von drüben erhalten hätten; fast täglich kommen etliche.

Michel: Ist der Dienst so schwer?

Wirt: Das nicht, aber das Weglaufen ist so leicht, und bloß weil es so sehr scharf verboten ist, kriegen die Kerle die erstaunliche Lust zum Desertieren. – Seht, ich wette, daß da wieder einer kömmt!

Ein Soldat kommt gelaufen.

Soldat: Eine Kanne Bier. Herr Wirt! geschwind!

Wirt: Wer seid Ihr?

Soldat: Ein *Deserteur.*

Michel: Vielleicht gar aus *Kindesliebe;* der arme Mensch, nehmt Euch doch seiner an, Herr Wirt.

Wirt: Je, wenn er Geld hat, soll's am Bier nicht fehlen. *Geht ins Haus.*

Zwei Husaren kommen geritten und steigen ab.

Erster Husar: Nu, gottlob, daß wir so weit sind. – Prosit, Nachbar.

Soldat: Hier ist die Grenze.

Zweiter Husar: Ja, dem Himmel sei Dank – haben wir des Kerls wegen nicht reiten müssen – Bier, Herr Wirt!

Wirt, *mit mehreren Gläsern*: Hier, meine Herren, ein schöner frischer Trunk; Sie sind alle drei recht warm.

Erster Husar: Hier, Halunke! auf deine Gesundheit!

Soldat: Danke schönstens; ich will euch die Pferde unterweilen halten.

Zweiter Husar: Der Kerl kann laufen! Es ist gut, daß die Grenze nicht gar so weit ist, denn sonst wäre das ein Hundedienst.

Erster Husar: Nun, wir müssen wohl wieder zurück. Adieu, Deserteuer! viel Glück auf den Weg! – *Sie steigen wieder auf, und reiten davon.*

Wirt: Werdet Ihr hier bleiben?

Soldat: Nein, ich will fort, ich muß mich ja beim benachbarten Herzog wieder anwerben lassen.

Wirt: Sprecht doch wieder zu, wenn Ihr wieder desertiert.

Soldat: Gewiß. – Lebt wohl. – *Sie geben sich die Hände, der Soldat und die Gäste gehn ab, der Wirt ins Haus. Der Vorhang fällt.*

Zwischenakt

Fischer: Es wird doch immer toller und toller. – Wozu war denn nun wohl die letzte Szene?

Leutner: Zu gar nichts, sie ist völlig überflüssig; bloß um einen neuen Unsinn hineinzubringen. Den Kater verliert man ganz aus den Augen und behält nirgend einen festen Standpunkt.

Schlosser: Mir ist völlig so, als wenn ich betrunken wäre.

Müller: In welchem Zeitalter mag denn das Stück spielen sollen. Die Husaren sind doch offenbar eine neuere Erfindung.

Schlosser: Wir sollten's nur nicht leiden und derbe trommeln. Man weiß durchaus jetzt gar nicht, woran man mit dem Stücke ist.

Fischer: Und auch keine Liebe! Nichts fürs Herz darin, für die Phantasie!

Leutner: Sobald wieder so etwas Tolles vorkömmt, fang ich für meine Person wenigstens an zu pochen und zu zischen.

Wiesener *zu seinem Nachbar:* Mir gefällt jetzt das Stück.

Nachbar: Sehr hübsch, in der Tat hübsch; ein großer Mann, der Dichter – hat die Zauberflöte gut nachgeahmt.

Wiesener: Die Husaren gefielen mir besonders; es sind die Leute selten so dreist, Pferde aufs Theater zu bringen – und warum nicht? Sie haben oft mehr Verstand als die Menschen. Ich mag lieber ein gutes Pferd sehn, als so manchen Menschen in den neueren Stücken.

Nachbar: Im Kotzebue die Mohren – ein Pferd ist am Ende nichts, als eine andere Art von Mohren.

Wiesener: Wissen Sie nicht, von welchem Regiment die Husaren waren?

Nachbar: Ich habe sie nicht einmal genau betrachtet. – Schade, daß sie so bald wieder weggingen; ich möchte wohl ein ganzes Stück von lauter Husaren sehn – ich mag die Kavallerie so gern.

Leutner *zu Bötticher:* Was sagen Sie zu dem allen?

Bötticher: Ich habe nur immer noch das vortreffliche Spiel des Mannes im Kopfe, welcher den Kater darstellt. Welches Studium! Welche Feinheit! Welche Beobachtung! Welcher Anzug!

Schlosser: Das ist wahr, er sieht natürlich aus, wie ein großer Kater.

Bötticher: Und bemerken Sie nur seine ganze Maske, wie ich seinen Anzug lieber nennen möchte; denn da er so ganz sein natürliches Aussehn verstellt hat, so ist dieser Ausdruck weit passender. Gott segne mir doch auch bei der Gelegenheit die Alten! Sie wissen wahrscheinlich nicht, daß diese Alten alle Rollen ohne Ausnahme in Masken spielten, wie Sie im Athenäus, Pollux und andern finden werden. Es ist schwer, sehn Sie, das alles so genau zu wissen, weil man mitunter diese Bücher deswegen selber nachschlagen muß; doch hat man freilich nachher auch den Vorteil, daß man sie anführen kann. Es ist eine schwierige Stelle im Pausanias. –

Fischer: Sie wollten so gut sein, von dem Kater zu sprechen.

Bötticher: Ja so. – Ich will auch alles Vorhergehende nur so nebenher gesagt haben; ich bitte Sie daher alle inständigst, es als eine Note anzusehn, und – um wieder auf den Kater zu kommen – haben Sie wohl bemerkt, daß er nicht einer von den schwarzen Katern ist? Nein, im Gegenteil, er ist fast ganz weiß und hat nur einige schwarze Flecke; das drückt seine Gutmütigkeit ganz vortrefflich aus; man sieht gleichsam den Gang des ganzen Stückes, alle Empfindungen, die es erregen soll, schon im voraus in diesem Pelze.

Fischer: Der Vorhang geht wieder auf!

Zweiter Akt

Erste Szene

Bauernstube.

***Gottlieb, Hinze**. Beide sitzen an einem kleinen Tisch und essen.*

Gottlieb: Hat's dir geschmeckt?

Hinze: Recht gut, recht schön.

Gottlieb: Nun muß sich aber mein Schicksal bald entscheiden, weil ich sonst nicht weiß, was ich anfangen soll.

Hinze: Habe nur noch ein paar Tage Geduld, das Glück muß doch auch einige Zeit haben, um zu wachsen; wer wird denn so aus dem Stegreif glücklich sein wollen! Mein guter Mann, das kommt nur in Büchern vor, in der wirklichen Welt geht das nicht so geschwinde.

Fischer: Nun hört nur, der Kater untersteht sich, von der wirklichen Welt zu sprechen! – Ich möchte fast nach Hause gehn, denn ich fürchte toll zu werden.

Leutner: Es ist beinahe, als wenn es der Verfasser darauf angelegt hätte.

Müller: Ein exzellenter Kunstgenuß, toll zu sein, das muß ich gestehn!

Schlosser: Es ist zu arg. Statt daß er froh sein sollte, daß er nur, wenn auch in imaginärer Welt, wenigstens existieren darf, will er den andern von phantastischen Hoffnungen abbringen, und behandelt ihn als Schwärmer, der doch wenigstens als Bauer nicht den Gesetzen unserer gewöhnlichen Welt widerspricht!

Gottlieb: Wenn ich nur wüßte, lieber Hinze, wo du die viele Erfahrung, den Verstand herbekommen hast.

Hinze: Glaubst du denn, daß man tagelang umsonst unterm Ofen liegt und die Augen fest zumacht? Ich habe dort immer im stillen fortstudiert. Heimlich und unbemerkt wächst die Kraft des Verstandes; daher hat man dann am wenigsten Fortschritte gemacht, wenn man manchmal Lust kriegt, sich mit einem recht langen Halse nach der zurückgelegten Bahn umzusehn. – Übrigens sei doch so gut und binde mir die Serviette ab.

Gottlieb *tut's:* Gesegnete Mahlzeit! – *Sie küssen sich.* Nimm so vorlieb.

Hinze: Ich danke von ganzem Herzen.

Gottlieb: Die Stiefeln sitzen recht hübsch, und du hast einen scharmanten kleinen Fuß.

Hinze: Das macht bloß, weil unsereins immer auf den Zehen geht, wie du auch wirst in der Naturgeschichte gelesen haben.

Gottlieb: Ich habe einen großen Respekt vor dir – von wegen der Stiefeln.

Hinze *hängt sich einen Tornister um*: Ich will nun gehn. – Sieh, ich habe mir auch einen Sack mit einer Schnurre gemacht.

Gottlieb: Wozu das alles?

Hinze: Laß mich nur, ich will einen Jäger vorstellen. – Wo ist denn mein Stock?

Gottlieb: Hier.

Hinze: Nun so lebe wohl. *Geht ab.*

Gottlieb: Einen Jäger? – Ich kann aus dem Manne nicht klug werden. *Ab.*

Zweite Szene

Freies Feld.

***Hinze** mit Stock, Tornister und Sack.*

Hinze: Herrliches Wetter! – Es ist ein schöner warmer Tag, ich will mich auch hernach ein wenig in die Sonne legen. – *Er spreitet seinen Sack aus.* Nun, Glück, stehe mir bei! – Wenn ich freilich bedenke, daß diese eigensinnige Göttin so selten die klug angelegten Plane begünstigt, daß sie immer darauf ausgeht, den Verstand der Sterblichen zuschanden zu machen, so möcht ich allen Mut verlieren. Doch, sei ruhig, mein Herz, ein Königreich ist schon der Mühe wert, etwas dafür zu arbeiten und zu schwitzen – Wenn nur keine Hunde hier in der Nähe sind. Ich kann diese Geschöpfe gar nicht vor Augen leiden; sie sind ein Geschlecht, das ich verachte, weil sie sich so gutwillig unter der niedrigsten Knechtschaft der Menschen bequemen; sie können nichts als schmeicheln und beißen, sie haben gar nichts von dem Ton, welcher im Umgange so notwendig ist. – Es will sich nichts fangen. – *Er fängt an ein Jägerlied zu singen: Im Felde schleich ich still und wild u.s.w., eine Nachtigall im benachbarten Busch fängt an zu* *schmettern.* Sie singt trefflich, die Sängerin der Haine – wie delikat muß sie erst schmecken! – Die Großen der Erde sind doch darin recht glücklich, daß sie Nachtigallen und Lerchen essen können, so viel sie nur wollen – wir armen gemeinen Leute müssen uns mit dem Gesange zufriedenstellen, mit der schönen Natur, mit der unbegreiflich süßen Harmonie. – Es ist fatal, daß ich nichts kann singen hören, ohne Lust zu kriegen, es zu fressen. – Natur! Natur! Warum störst du mich dadurch immer in meinen allerzartesten Empfindungen, daß du meinen Geschmack für Musik so pöbelhaft eingerichtet hast? – Fast krieg ich Lust, mir die Stiefeln auszuziehn und sacht den Baum dort hinaufzuklettern! sie muß dort sitzen. – *Im Parterre wird getrommelt.* Die Nachtigall hat eine gute Natur; ich habe immer nicht glauben wollen, daß sie am liebsten bei Sturm und Ungewitter singe, aber jetzt erleb ich die Wahrheit dieser Behauptung. – Ei! so singe und schmettre, daß dir der Atem vergeht! – Delikat muß sie schmecken. Ich vergesse meine Jagd über diese süßen Träume. – Es fängt sich wahrhaftig nichts. – Wer kömmt denn da?

***Zwei Liebende** treten auf.*

Er: Hörst du wohl die Nachtigall, mein süßes Leben?

Sie: Ich bin nicht taub, mein Guter.

Er: Wie wallt mein Herz vor Entzücken über, wenn ich die ganze harmonische Natur so um mich her versammelt sehe, wenn jeder Ton nur das Geständnis meiner Liebe wiederholt, wenn sich der ganze Himmel niederbeugt, um Äther auf mich auszuschütten.

Sie: Du schwärmst, mein Lieber.

Er: Nenne die natürlichsten Gefühle meines Herzens nicht Schwärmerei. *Kniet nieder.* Sieh, ich schwöre dir hier vor dem Angesicht des heitern Himmels –

Hinze *höflich hinzutretend:* Verzeihen Sie gütigst – wollen Sie sich nicht gefälligst anderswohin bemühn? Sie stören hier mit Ihrer holdseligen Eintracht eine Jagd.

Er: Die Sonne sei mein Zeuge, die Erde – und was sonst noch: Du selbst, mir teurer als Erde, Sonne und alle Planeten. Was will Er, guter Freund?

Hinze: Die Jagd – ich bitte demütigst.

Sie: Barbar, wer bist du, daß du es wagst, die Schwüre der Liebe zu unterbrechen? Dich hat kein Weib geboren, du gehörst jenseits der Menschheit zu Hause.

Hinze: Wenn Sie nur bedenken wollten –

Sie: So wart Er doch nur einen Augenblick, Er sieht ja wohl, daß der Geliebte, in Trunkenheit verloren, auf seinen Knieen liegt.

Er: Glaubst du mir nun?

Sie: Ach! hab ich dir nicht schon geglaubt, noch ehe du ein Wort gesprochen hattest? – *Sie beugt sich liebevoll zu ihm hinab.* Teurer! – ich – liebe dich! – o unaussprechlich.

Er: Bin ich unsinnig? – O und wenn ich es nicht bin, warum werd ich Elender, Verächtlicher, es nicht urplötzlich vor übergroßer Freude? – Ich bin nicht mehr auf der Erde; sieh mich doch recht genau an, o Teuerste, und sage mir, ob ich nicht vielleicht im Mittelpunkte jener unsterblichen Sonne dort oben wandle.

Sie: In meinen Armen bist du, und die sollen dich auch nicht wieder lassen.

Er: O komm, dieses freie Feld ist meinen Empfindungen zu enge, wir müssen den höchsten Berg erklettern, um der ganzen Natur zu sagen, wie glücklich wir sind! – *Sie gehen schnell und voll Entzückens ab. Lautes Klatschen und Bravorufen im Parterre.*

Wiesener *klatschend:* Der Liebhaber griff sich tüchtig an. – O weh! da hab ich mir selber einen Schlag in die Hand gegeben, daß sie ganz aufgelaufen ist.

Nachbar: Sie wissen sich in der Freude nicht zu mäßigen.

Wiesener: Ja, so bin ich immer.

Fischer: Ah! – das war doch etwas fürs Herz! – Das tut einem wieder einmal wohl!

Leutner: Eine wirklich schöne Diktion in der Szene.

Müller: Ob sie aber zum Ganzen wird notwendig sein?

Schlosser: Ich kümmere mich nie ums Ganze; wenn ich weine, so wein ich, und damit gut; es war eine göttliche Stelle.

Hinze: O Liebe, wie groß ist deine Macht, daß deine Stimme die Ungewitter besänftigt, ein pochendes Publikum beschwichtigt, und das Herz kritischer Zuschauer so umwendet, daß sie ihren Zorn und alle ihre Bildung vergessen. Es läßt sich nichts fangen. – *Ein Kaninchen kriecht in den Sack, er springt schnell hinzu und schnürt* *ihn zusammen.* Sieh da, guter Freund! Ein Wildpret, das eine Art von Geschwisterkind mit mir ist; ja, das ist der Lauf der heutigen Welt, Verwandte gegen Verwandte, Bruder gegen Bruder; wenn man selbst durch die Welt will, muß man andre aus dem Wege stoßen. – *Er nimmt das Kaninchen aus dem Sacke und steckt es in den Tornister.* Halt! Halt! – Ich muß mich wahrhaftig in acht nehmen, daß ich das Wildpret nicht selber auffresse. Ich muß nur geschwinde den Tornister zubinden, damit ich meine Affekten bezähme. – Pfui! schäme dich Hinz! – Ist es nicht die Pflicht des Edlen, sich und seine Neigungen dem Glück seiner Mitgeschöpfe aufzuopfern? Dies ist der Endzweck, zu welchem wir geschaffen worden, und wer das nicht kann – o ihm wäre besser, daß seine Mutter ihn nie geboren hätte.

Er will abgehn, man klatscht heftig und ruft allgemein da capo, er muß die letzte schöne Stelle noch einmal hersagen, dann verneigt er sich ehrerbietig und geht mit dem Kaninchen ab.

Fischer: O welcher edle Mann!

Müller: Welche schöne menschliche Gesinnung!

Schlosser: Durch so etwas kann man sich doch noch bessern aber wenn ich Narrenpossen sehe, möcht ich gleich dreinschlagen.

Leutner: Mir ist auch ganz wehmütig geworden – die Nachtigall – die Liebenden – die letzte Tirade – das Stück hat denn doch wahrhaftig schöne Stellen!

Dritte Szene

Saal im Palast.

Große Audienz. ***Der König, die Prinzessin, der Prinz Nathanael, der Koch*** *in Gala.*

König *sitzt auf dem Thron:* Hieher, Koch, jetzt ist es Zeit, Rede und Antwort zu geben; ich will die Sache selbst untersuchen.

Koch *läßt sich auf ein Knie nieder:* Ihro Majestät geruhen, Ihre Befehle über Dero getreusten Diener auszusprechen.

König: Man kann nicht genug dahin arbeiten, meine Freunde, daß ein König, dem das Wohl eines ganzen Landes und unzähliger Untertanen auf dem Halse liegt, immer bei guter Laune bleibe; denn wenn er in eine üble Laune gerät, so wird er gar leicht ein Tyrann, ein Unmensch; denn gute Laune befördert die Fröhlichkeit, und Fröhlichkeit macht nach den Beobachtungen aller Philosophen den Menschen gut, dahingegen die Melancholie deswegen für ein Laster zu achten ist, weil sie alle Laster befördert. Wem, frag ich nun, liegt es so nahe, in wessen Gewalt steht es wohl so sehr, die Laune eines Monarchen zu befördern, als eben in den Händen eines Kochs? – Sind Kaninchen nicht sehr unschuldige Tiere? Wer anders denken oder sprechen könnte, von dem müßte ich fürchten, daß er selbst den reinsten Schmuck seiner Seele, seine Unschuld, verloren hätte. – Durch diese sanften Tierchen könnte ich dahin kommen, es gar nicht überdrüssig zu werden, mein Land glücklich zu machen – und an diesen Kaninchen läßt Er es mangeln! – Spanferkeln und alle Tage Spanferkeln – Bösewicht, das bin ich endlich überdrüssig.

Koch: Verdamme mich mein König nicht ungehört. Der Himmel ist mein Zeuge, daß ich mir alle Mühe nach jenen niedlichen weißen Tierchen gegeben habe; ich habe sie zu allen Preisen einkaufen wollen, aber durchaus sind keine zu haben. – Sollten Sie an der Liebe Ihrer Untertanen zweifeln können, wenn man nur irgend dieser Kaninchen habhaft werden könnte?

König: Laß die schelmischen Worte, schier dich fort in die Küche und beweise durch die Tat, daß du deinen König liebst. – *Der Koch geht ab.* –jetzt wend ich mich zu Ihnen, mein Prinz – und zu dir, meine Tochter. – Ich habe erfahren, werter Prinz, daß meine Tochter Sie nicht liebt, daß sie Sie nicht lieben kann; sie ist ein unbesonnenes unvernünftiges Mädchen; aber ich traue ihr doch so viel Verstand zu, daß sie einige Ursachen haben wird. – Sie macht mir Sorgen und Gram, Kummer und Nachdenken, und meine alten Augen fließen von häufigen Tränen über, wenn ich daran denke, wie es nach meinem Tode mit ihr werden soll. – Du wirst sitzenbleiben! hab ich ihr tausendmal gesagt; greif zu, solange es dir geboten wird! Aber sie will nicht hören; nun so wird sie sich gefallen lassen müssen, zu fühlen.

Prinzessin: Mein Vater –

König *weinend und schluchzend:* Geh, Undankbare, Ungehorsame – du bereitest meinem grauen Kopfe durch dein Weigern, ein, ach! nur allzufrühzeitiges, Grab! – *Er stützt sich auf den Thron, verdeckt mit dem Mantel das Gesicht und weint heftig.*

Fischer: Der König bleibt seinem Charakter doch nicht einen Augenblick getreu.

*Ein **Kammerdiener** kömmt herein.*

Kammerdiener: Ihro Majestät, ein fremder Mann ist draußen und bittet vor Ihro Majestät gelassen zu werden.

König *schluchzend:* Wer ist's ?

Kammerdiener: Verzeihung, mein König, daß ich diese Frage nicht beantworten kann. Seinem langen weißen Barte nach sollte er ein Greis sein, und sein ganz mit Haaren bedecktes Gesicht sollte einen fast in dieser Vermutung bestärken, aber dann hat er wieder so muntre jugendliche Augen, einen so dienstfertigen geschmeidigen Rücken, daß man an ihm irre wird. Er scheint ein wohlhabender Mann, denn er trägt ein Paar vortreffliche Stiefeln, und soviel ich irgend aus seinem Äußern abnehmen kann, möcht ich ihn für einen Jäger halten.

König: Führt ihn herein, ich bin neugierig ihn zu sehn.

***Kammerdiener** geht ab und kommt sogleich mit **Hinze** zurück.*

Hinze: Mit Ihrer Majestät gnädigster Erlaubnis ist der Graf von *Carabas* so frei, Ihnen ein Kaninchen zu übersenden.

König *entzückt:* Ein Kaninchen? – Hört ihr's wohl, Leute? O das Schicksal hat sich wieder mit mir ausgesöhnt! – Ein Kaninchen?

Hinze *nimmt es aus dem Tornister:* Hier, großer Monarch.

König: Da – halten Sie mal das Zepter einen Augenblick Prinz – *Er befühlt das Kaninchen.* Fett! hübsch fett! – Vom Grafen von –

Hinze: *Carabas.*

König: Ei, das muß ein vortrefflicher Mann sein, den Mann muß ich näher kennenlernen. – Wer ist der Mann? Wer kennt ihn von euch? – Warum hält er sich verborgen? Wenn solche Köpfe feiern, wie viel Verlust für meinen Staat! Ich möchte vor Freuden weinen; *schickt mir ein Kaninchen!* Kammerdiener, gebt es gleich dem Koch.

Kammerdiener empfängt's und geht ab.

Nathanael: Mein König, ich nehme meinen demütigsten Abschied.

König: Ja so, das hätt ich über die Freude bald vergessen. Leben Sie wohl, Prinz. Ja, Sie müssen andern Freiwerbern Platz machen, das ist nicht anders. – Adieu! Ich wollte, Sie hätten Chaussee bis nach Hause.

Nathanael küßt ihm die Hand und geht ab.

König *schreiend*: Leute! – Mein Historiograph soll kommen!

***Der Historiograph** erscheint.*

König: Hier, Freund, kommt, hier gibt's Materie für unsre Weltgeschichte. – Ihr habt doch Euer Buch bei Euch?

Historiograph: Ja, mein König.

König: Schreibt gleich hinein, daß mir an dem und dem Tage, (welch Datum wir nun heut schreiben) der Graf von Carabas ein sehr delikates Kaninchen zum Präsent überschickt hat.

Historiograph setzt sich nieder und schreibt.

König: Vergeßt nicht, *anno currentis*. – Ich muß an alles denken, sonst wird's doch immer schief ausgerichtet. *Man hört blasen.* Ah, das Essen ist fertig. – Komm, meine Tochter, weine nicht, ist's nicht der Prinz, so ist's ein andrer. – Jäger, wir danken für deine Mühe; willst du uns nach dem Speisesaal begleiten?

Sie gehn ab. Hinze folgt.

Leutner: Bald halt ich's nicht mehr aus! Wo ist denn nun der Vater geblieben, der erst gegen seine Tochter so zärtlich war, und uns alle so rührte?

Fischer: Was mich nur ärgert, ist, daß sich kein Mensch im Stück über den Kater wundert; der König und alle tun, als müßte es so sein.

Schlosser: Mir geht der ganze Kopf von dem wunderlichen Zeuge herum.

Vierte Szene

Königlicher Speisesaal.

*Große ausgerüstete Tafel. Unter Pauken und Trompeten treten ein: **der König, die Prinzessin, Leander, Hinze, mehrere vornehme Gäste** und **Hanswurst, Bediente**, welche aufwarten.*

König: Setzen wir uns, die Suppe wird sonst kalt. – Ist für den Jäger gesorgt?

Ein Bedienter: Ja, Ihro Majestät; er wird mit dem Hofnarren hier am kleinen Tischchen essen.

Hanswurst *zu Hinze:* Setzen wir uns, die Suppe wird sonst kalt.

Hinze *setzt sich:* Mit wem habe ich die Ehre zu speisen?

Hanswurst – Der Mensch ist, was er ist, Herr Jäger, wir können nicht alle dasselbe treiben. Ich bin ein armer verbannter Flüchtling, ein Mann, der vor langer Zeit einmal spaßhaft war, den man nachher für dumm, abgeschmackt und unanständig hielt, und der nun in einem fremden Lande wieder in Dienst getreten ist, wo man ihn von neuem auf einige Zeit für unterhaltend ansieht.

Hinze: So? – Was seid Ihr für ein Landsmann?

Hanswurst: Leider nur ein Deutscher. Meine Landsleute wurden um eine gewisse Zeit so klug, daß sie allen Spaß bei Strafe verboten; wo man mich nur gewahr ward, gab man mir unausstehliche Ekelnamen, als: gemein, pöbelhaft, niederträchtig, ja mein guter ehrlicher Name Hanswurst ward zu einem Schimpfworte herabgewürdigt. O edle Seele, die Tränen stehn dir in den Augen, und du knurrst vor Schmerz, oder macht es der Geruch des Bratens, der dir in die Nase zieht? Ja, lieber Empfindsamer, wer sich damals nur unterstand, über mich zu lachen, der wurde ebenso verfolgt, wie ich, und so mußt ich denn wohl in die Verbannung wandern.

Hinze: Armer Mann!

Hanswurst: Es gibt wunderliche Hantierungen in der Welt, Herr Jäger; Köche leben vom Appetit, Schneider von der Eitelkeit, ich vom Lachen der Menschen; wenn sie nicht mehr lachen, so ist meine Nahrung verloren.

Hinze: Das Gemüse eß ich nicht.

Hanswurst: Warum? Seid nicht blöde, greift zu.

Hinze: Ich sage Euch, ich kann den weißen Kohl nicht vertragen.

Hanswurst: Mir wird er desto besser schmecken. – Gebt mir Eure Hand, ich muß Euch näher kennenlernen, Jäger.

Hinze: Hier.

*Gemurmel im Parterre: ein **Hanswurst**! ein **Hanswurst**!*

Hanswurst: Empfangt hier die Hand eines deutschen Biedermannes; ich schäme mich nicht, wie so viele meiner Landsleute, ein Deutscher zu sein. *Er drückt dem Kater die Hand sehr heftig.*

Hinze: Au! au! – *Er sträubt sich, knurrt und klaut den Hanswurst.*

Hanswurst: O weh! Jäger! plagt Euch der Teufel? – *Er steht auf und geht weinend zum König.* Ihro Majestät, der Jäger ist ein treuloser Mann, seht nur, wie er mir ein Andenken von seinen fünf Fingern hinterlassen hat.

König *essend:* Wunderlich – nun, setz dich nur wieder hin, trage künftig Handschuh, wenn du mit ihm gut Freund sein willst. Es gibt vielerlei Arten von Freunden, man muß jedes Gericht zu essen, und jeden Freund zu behandeln verstehn. Halt! Ich habe gleich gedacht, daß hinter dem Jäger was Besonderes steckt: sieh! sieh! er ist ein Freimaurer, und hat dir nur das Zeichen in die Hand schreiben wollen, um zu sehn, ob du auch von der Brüderschaft bist.

Hanswurst: Man muß sich vor Euch hüten.

Hinze: Warum kneift Ihr mich so? Hole der Henker Euer biederes Wesen.

Hanswurst: Ihr kratzt ja wie eine Katze.

Hinze lacht boshaft.

König: Aber was ist denn das heute? Warum wird denn kein vernünftiges Tischgespräch geführt? Mir schmeckt kein Bissen, wenn nicht auch der Geist einige Nahrung hat. Hofgelehrter, seid Ihr denn heut auf den Kopf gefallen?

Leander *essend:* Ihro Majestät geruhn –

König: Wie weit ist die Sonne von der Erde?

Leander: Zweimal hunderttausend, fünfundsiebenzig und eine Viertel Meile, funfzehn auf einen Grad gerechnet.

König: Und der Umkreis, den die Planeten so insgesamt durchlaufen?

Leander: Wenn man rechnet, was jeder einzelne laufen muß, so kommen in der Total-Summa etwas mehr als tausend Millionen Meilen heraus.

König: Tausend Millionen! – Man sagt schon, um sich zu verwundern: ei der Tausend! und nun gar tausend Millionen! Ich mag auf der Welt nichts lieber hören, als so große Nummern – Millionen, Trillionen – da hat man doch dran zu denken. – Es ist doch meiner Seel ein bißchen viel, so tausend Millionen.

Leander: Der menschliche Geist wächst mit den Zahlen.

König: Sagt mal, wie groß ist wohl so die ganze Welt im Umfange, Fixsterne, Milchstraßen, Nebelkappen und allen Plunder mitgerechnet.

Leander: Das läßt sich gar nicht aussprechen.

König: Du sollst es aber aussprechen, oder – *Mit dem Zepter drohend.*

Leander: Wenn wir eine Million wieder als Eins ansehn, dann ohngefähr zehn mal hunderttausend Trillionen solcher Einheiten, die jede an sich schon eine Million Meilen ausmachen.

König: Denkt nur, Kinder denkt! – Sollte man meinen, daß das Ding von Welt so groß sein könnte? Aber wie das den Geist beschäftigt!

Hanswurst: Ihro Majestät, das ist eine kuriose Erhabenheit, davon krieg ich noch weniger in den Kopf als in den Magen; mir kommt die Schüssel mit Reis hier viel erhabener vor.

König: Wieso, Narr?

Hanswurst: Bei solchen ungeheuren Zahlen kann man gar nichts denken, denn die höchste Zahl wird ja am Ende wieder die kleinste. Man darf sich ja nur alle Zahlen denken, die es geben kann. Wir können nicht leicht, ohne uns zu verirren, bis fünfe zählen.

König: Aber da ist was Wahres drin. Der Narr hat seine Einfälle. – Gelehrter, wieviel Zahlen gibt es denn?

Leander: Unendlich viel.

König: Sagt mal geschwind die höchste Zahl.

Leander: Es gibt gar keine höchste, weil man zur höchsten noch immer wieder eine neue hinzufügen kann; der menschliche Geist kennt hier gar keine Einschränkung.

König: Es ist doch aber wahrhaftig ein wunderliches Ding um diesen menschlichen Geist.

Hinze: Es muß dir hier sauer werden, ein Narr zu sein.

Hanswurst: Man kann gar nichts Neues aufbringen, es arbeiten zu viele in dem Fache.

König: Und du sagst also auch, daß die Erde immer rundum, immer rundum geht, bald so, bald so, wie ein besoffener Mensch?

Leander: Nicht eigentlich auf diese Weise, sondern mehr einem Walzenden ähnlich.

König: Und sie ist, wie Ihr meint, eine Kugel?

Leander: Allerdings, so daß unter uns Menschen wohnen, die ihre Füße gegen die unsrigen richten, oder unsre Antipoden sind, so wie wir wiederum die Antipoden von ihnen sind.

König: Wir? Ich auch?

Leander: Allerdings.

König: Ich verbitte mir aber dergleichen; meint Er, daß ich mich so wegwerfen werde? Er und seinesgleichen mögen Antipoden sein, soviel sie wollen; aber ich halte mich zu gut, jemandes

Antipode zu sein, und wenn es selbst der große Mogul wäre. Er denkt wohl, weil ich mich manchmal herablasse, mit Ihm zu disputieren, so werde ich mir auch alles bieten lassen. Ja, ja, ich sehe, wer sich zum Schaf macht, den fressen die Wölfe; man darf solche Gelehrte nur ein weniges um sich greifen lassen, so mengen sie nach ihren Systemen Kraut und Rüben durcheinander, und entblößen sich nicht, den regierenden Herren selbst unter die Antipoden zu werfen. Daß dergleichen niemals wieder geschieht!

Leander: Wie Ihro Majestät befehlen.

König: Doch um nicht einseitig bei einem Gegenstande zu verweilen, so bringt mir nun einmal mein Mikroskop herein! *Leander ab.* Ich muß Ihnen sagen, meine Herren, daß ich es als eine Andacht treibe, in das kleine Ding hineinzukucken, und daß es mich in der Tat erbaut, und mein Herz erhebt, wenn ich sehe, wie ein Wurm so ungeheuer vergrößert wird, wie eine Made und Fliege so seltsamlich konstruiert sind, und wie sie in ihrer Pracht mit einem Könige wetteifern können. – *Leander kommt zurück.* Gebt her! Ist nicht eine Mücke bei der Hand, ein Gewürm, sei es, was es sei, um es zu beobachten?

Hanswurst: Sonst findet sich dergleichen oft, ohne daß man's wünscht, und nun es zur Geistesbildung dienen soll, läßt sich nichts betreffen: aber ich schlage Ihrer Majestät unmaßgeblich vor, eins von den seltsamen Barthaaren des fremden Jägers zu observieren, was sich gewiß der Mühe verlohnt.

König: Seht, der Narr hat heut einen luminösen Tag. Ein trefflicher Gedanke! Damit der Jäger sich aber nicht über Gewalt zu beschweren hat, soll ihm das ansehnlichste Haar durch niemand anders als durch zwei Kammerherren ausgerauft werden. Macht euch dran, Leute.

Hinze, *zu den Kammerherren:* Das scheint mir ein Eingriff in das Völkerrecht. – *Sie ziehn ihm das Haar aus.* Au! Mau! Miau! Prrrst!

König: Hört, er maut fast wie eine Katze.

Hanswurst: O ja, auch hat er eben so geprustet; er scheint überhaupt eine merkwürdige Organisation zu besitzen.

König, *durch das Glas sehend:* Ei! ei! wie höchst wunderbar! Da ist doch auch kein Riß, keine unebene Stelle, keine Rauhigkeit wahrzunehmen. Ja, das sollen mir einmal die englischen Fabriken nachahmen! Ei! ei! wo der Jäger nur die kostbaren Barthaare hergenommen hat!

Hanswurst: Sie sind ein Werk der Natur, mein König. Dieser fremde Mann hat noch eine andre große Naturmerkwürdigkeit an sich, die gewiß ebenso unterhaltend als nachdenklich ist. Ich nahm vorhin wahr, als die Braten hereingebracht wurden, und der angenehme Duft den ganzen Saal erfüllte, daß sich in seinem Körper ein gewisses Orgelwerk in Bewegung zu setzen anfing, das mit lustigen Passagen auf und nieder schnurrte, wobei er die Augen aus Wohlgefallen eindrückte und ihm die Nase lebhaft zitterte. Ich fühlte ihn zu der Zeit an, und der Tremulant war in seinem ganzen Körper unter Nacken und Rücken fühlbar.

König: Ist es möglich? Kommt mal her, tretet zu mir, Jäger.

Hinze: An diesen Mittag werd ich gedenken.

Hanswurst: Kommt, edler Freund. *Indem er ihn führt.* Nicht wahr? Ihr werdet wieder kratzen?

König: Hier tretet her. – Nun? – *Legt sein Ohr an ihn.* Ich höre nichts, es ist ja mäuschenstill in seinem Leibe.

Hanswurst: Er hat es verloren, seit ihm das Haar ausgerissen wurde; es scheint nur zu orgeln, wenn ihm wohl ist. Jäger, denkt einmal recht was Wohlgefälliges, stellt Euch doch was Anmutiges vor, sonst glaubt man, es ist nur Tücke, daß es jetzt nicht in Euch spielt.

König: Haltet ihm den Braten vor die Nase. – So. – Seht, Jäger, davon sollt Ihr sogleich bekommen. Nun? – Ich will ihm indes etwas den Kopf und die Ohren streicheln, hoffentlich wirkt diese Gnade auf sein Zufriedenheits-Organ. – Richtig! Hört, hört, Leute, wie es schnurrt, auf und ab, ab und auf, in recht hübschen Läufen! Und in seinem ganzen Körper fühl ich die Erschütterung. – Hm! hm! äußerst sonderbar! – Wie ein solcher Mensch inwendig muß beschaffen sein! Ob es eine Walze sein mag, die sich umdreht, oder ob es nach Art der Klaviere eingerichtet ist? Wie nur die Dämpfung angebracht wird, daß Augenblicks das ganze Werk stillsteht? – Sagt mal, Jäger: (Euch acht ich und bin wohlwollend gegen Euch gesinnt) aber habt Ihr nicht vielleicht in der Familie einen Vetter oder weitläuftigen Anverwandten, an dem nichts ist, an dem die Welt nichts verlöre, und den man so ein weniges aufschneiden könnte, um ein Einsehn in die Maschinerie zu bekommen?

Hinze: Nein, Ihro Majestät, ich bin der einzige meines Geschlechts.

König: Schade! – Hofgelehrter, denkt einmal nach, wie der Mensch innerlich gebaut sein mag, und lest es uns alsdann in der Akademie vor.

Hanswurst: Kommt, Jäger, setzen wir uns wieder und speisen.

Hinze: Ich sehe, mit dir muß ich Freundschaft halten.

Leander: Es wird mir eine Ehre sein, mein König; ich habe auch schon eine Hypothese im Kopf, die mir von der höchsten Wahrscheinlichkeit ist; ich vermute nämlich, daß der Jäger ein unwillkürlicher Bauchredner ist, der wahrscheinlich bei strenger Erziehung sich früh angewöhnt hat, sein Wohlgefallen und seine Freude, die er nicht äußern durfte, in seinem Innern zu verschließen; dorten aber, weil sein starkes Naturell zu mächtig war, hat es in den Eingeweiden für sich selbst den Ausdruck der Freude getrieben, und sich so diese innerliche Sprache gebildet, die wir jetzt als eine seltsame Erscheinung an ihm bewundern.

König: Läßt sich hören.

Leander: Nun klingt es deshalb in ihm mehr wie ein verhaltner Grimm, als wie ein Ausdruck der Lust. Ihrer Natur nach steigt die Freude nach oben, öffnet den Mund weit und spricht in den offensten Vokalen, am liebsten in A, I oder Ei, wie wir in der ganzen Schöpfung, an Kindern, Schafen, Eseln, Stieren und Betrunkenen wahrnehmen können; er aber, bei seinen tyrannischen Eltern und Vormündern, wo er nichts durfte laut werden lassen, mußte innerlich nur ein O und U brummen, und so angesehn muß diese Erscheinung alles Wunderbare verlieren, und ich glaube aus diesen Gründen nicht, daß er eigene Walzen oder ein Orgelwerk in seinem Leibe besitze.

Hanswurst: Wenn es nun einmal dem Herrn Leander verboten würde, laut zu philosophieren, und seine tiefsinnigen Gedanken müßten sich auch, statt oben, in der Tiefe aussprechen, welche Sorte von Knarrwerk sich wohl in seinem Bauche etablieren würde?

Leander: Der Narr, mein König, kann vernünftige Gedanken nie begreifen; mich wundert überhaupt, daß sich Ihro Majestät noch von seinen geschmacklosen Einfällen belustigen lassen. Man sollte ihn geradezu fortjagen, denn er bringt Ihren Geschmack nur in einen üblen Ruf.

König, *wirft ihm das Zepter an den Kopf:* Herr Naseweis von Gelehrter! was untersteht Er sich denn? In Ihn ist ja heut ein satanischer Rebellionsgeist gefahren! Der Narr gefällt *mir, mir*, seinem Könige, und wenn ich Geschmack an ihm finde, wie kann Er sich unterstehn zu sagen, daß der Mann abgeschmackt sei? Er ist Hofgelehrter und der andre Hofnarr; ihr steht beide in einem Gehalte; der einzige Unterschied ist, daß er an dem kleinen Tischchen mit dem fremden Jäger speist. Der Narr macht dummes Zeug bei Tische und Er führt einen vernünftigen Diskurs bei Tische, beides soll mir nur die Zeit vertreiben und machen, daß mir das Essen gut schmeckt; wo ist denn also der große Unterschied? – Und dann tut's einem Herrn, wie mir, auch wohl, einen Narren zu sehn, der dummer ist, der die Gabe und die Bildung nicht hat, man fühlt sich mehr und ist dankbar gegen den

Himmel. Schon deswegen ist mir ein Dummkopf ein angenehmer Umgang. – Wenn Er aber meint, daß der Narr in Religion und Philosophie zurück ist, daß er zu sehr in der Irre wandelt, kann Er sich denn nicht (da der Dumme doch gewiß Sein Nächster ist) menschenfreundlich zu ihm setzen und liebreich sagen: sieh, Schatz, das ist so, und jenes so, du bist hierin zurück, ich will dich mit Liebe auf den Weg des Lichtes bringen, und dann etwas gründliche Logik, Metaphysik und Hydrostatik ihm vorsprechen, daß der Dumme in sich schlägt und sich bekehrt? So müßte einer handeln, der ein Weltweiser heißen will.

Der Koch trägt das Kaninchen auf und entfernt sich.

König: Das Kaninchen! – Ich weiß nicht – die andern Herren essen es wohl nicht gerne? – *Alle verneigen sich.* Nun, so will ich es denn mit Ihrer Erlaubnis für mich allein behalten. – *Er ißt.*

Prinzessin: Mich dünkt, der König zieht Gesichter, als wenn er seine Zufälle wieder bekäme.

König *aufstehend, in Wut*:
Das Kaninchen ist verbrannt! –
O Heer des Himmels! Erde? – Was noch sonst?
Nenn ich die Hölle mit? –

Prinzessin:
Mein Vater –

König: – Wer ist das?
Durch welchen Mißverstand hat dieser Fremdling
Zu Menschen sich verirrt? – Sein Aug ist trocken!

Alle erheben sich voll Besorgnis, Hanswurst läuft geschäftig hin und wider, Hinze bleibt sitzen und ißt heimlich.

Gib diesen Toten mir heraus. Ich muß
Ihn wieder haben!

Prinzessin: Hole doch einer schnell den Besänftiger.

König: Der Koch Philipp sei das Jubelgeschrei der Hölle, wenn ein Undankbarer verbrannt wird!

Prinzessin: Wo nur der Musikus bleibt.

König:
Die Toten stehen nicht mehr auf. Wer darf
Mir sagen, daß ich glücklich bin? O wär er *mir* gestorben!
Ich hab ihn liebgehabt, sehr lieb.

***Der Besänftiger** tritt mit einem Glockenspiele auf, das er sogleich spielt.*

König: Wie ist mir? *Weinend:* Ach, ich habe schon wieder meinen Zufall gehabt. – Schafft mir den Anblick des Kaninchens aus den Augen. – *Er legt sich voll Gram mit dem Kopf auf den Tisch und schluchzt.*

Ein Hofmann: Seine Majestät leiden viel.

Es entsteht ein gewaltiges Pochen und Pfeifen im Parterre; man hustet, man zischt, die Galerie lacht; der König richtet sich auf, nimmt den Mantel in Ordnung und setzt sich mit dem Zepter in größter Majestät hin. Alles ist umsonst, der Lärm wird immer größer, alle

Schauspieler vergessen ihre Rollen, auf dem Theater eine fürchterliche Pause. – Hinze ist eine Säule hinangeklettert.

***Der Dichter** kommt bestürzt aufs Theater.*

Dichter: Meine Herren – verehrungswürdigstes Publikum – nur einige Worte.

Im Parterre: Still! still! der Narr will sprechen.

Dichter: Ums Himmels willen, machen Sie mir die Schande nicht, der Akt ist ja gleich zu Ende. – Sehn Sie doch nur, der König ist ja auch wieder zur Ruhe, nehmen Sie an dieser großen Seele ein Beispiel, die gewiß mehr Ursache hatte, außer sich zu sein, als Sie.

Fischer: Mehr als wir?

Wiesener, *zum Nachbar:* Aber warum trommeln Sie denn? Uns beiden gefällt ja das Stück.

Nachbar: Ist auch wahr – in Gedanken, weil es alle tun. *Klatscht aus Leibeskräften.*

Dichter: Einige Stimmen sind mir doch noch günstig; lassen Sie sich aus Mitleid mein armes Stück gefallen, ein Schelm gibt's besser, als er's hat; es ist auch bald zu Ende. – Ich bin so verwirrt und erschrocken, daß ich Ihnen nichts anders zu sagen weiß.

Alle: Wir wollen nichts hören, nichts wissen.

Dichter, *reißt wütend den **Besänftiger** hervor:* Der König ist besänftigt, besänftige nun auch diese tobende Flut, wenn du es kannst! *Stürzt außer sich ab.*

Der Besänftiger spielt auf den Glocken, das Pochen schlägt dazu den Takt. Er winkt: Affen und Bären erscheinen, und tanzen freundlich um ihn her, Adler und andre Vögel; ein Adler sitzt Hinzen auf dem Kopf, der in der größten Angst ist, zwei Elefanten und zwei Löwen tanzen auch.

Ballet und Gesang

Die Vierfüßigen:
Das klinget so herrlich –

Die Vögel:
Das klinget so schön –

Vereinigtes Chor:
Nie hab ich so etwas gehört noch gesehn.

Hierauf wird von allen Anwesenden eine künstliche Quadrille getanzt, der König und sein Hofstaat wird in die Mitte genommen, Hinze und den Hanswurst nicht ausgeschlossen; allgemeines Applaudieren. Gelächter. Man steht im Parterre auf, um recht genau zu sehn; einige Hüte fallen von der Galerie herunter.

Der Besänftiger *singt während dem Ballet und der allgemeinen Freude der Zuschauer:*

Könnte jeder brave Mann
  Solche Glöckchen finden,
Seine Feinde würden dann

Ohne Mühe schwinden,
Und er lebte ohne sie
In der schönsten Harmonie.

Der Vorhang fällt, alles jauchzt und klatscht, man hört noch das Ballet eine Zeitlang.

Zwischenakt

Wiesener: Herrlich! herrlich!

Nachbar: Das heiß ich mir noch ein heroisch Ballet.

Wiesener: Und so schön in die Haupthandlung eingeflochten!

Leutner: Schöne Musik!

Fischer: Göttlich!

Schlosser: Das Ballet hat das Stück noch gerettet.

Bötticher: Ich bewundre nur immer das Spiel des Katers. – An solchen Kleinigkeiten erkennt man den großen und geübten Schauspieler; sooft er zum Beispiel das Kaninchen aus der Tasche nahm, hob er es jederzeit bei den Ohren – es stand ihm nicht vorgeschrieben; haben Sie wohl bemerkt, wie es der König sogleich an den Leib packte? Aber man hält diese Tiere bei den Ohren, weil sie es dort am besten vertragen können. Das nenn ich den Meister!

Müller: Das ist sehr schön auseinandergesetzt.

Fischer *heimlich:* Man sollte ihn selbst dafür bei den Ohren nehmen.

Bötticher: Und die Angst, als ihm der Adler auf dem Kopfe saß! Wie er sich aus Furcht so gar nicht bewegte, sich weder rührte noch regte – nein, eine solche vollendete Kunst kann keine Beschreibung ausdrücken.

Müller: Sie gehen sehr gründlich.

Bötticher: Ich schmeichle mir, nur ein klein wenig Kenner zu sein; das ist freilich mit Ihnen allen nicht der Fall, und darum muß man es Ihnen ein wenig entwickeln.

Fischer: Sie geben sich viele Mühe.

Bötticher: Wenn man die Kunst so liebt, wie ich, ist das eine angenehme Mühe. – Mir ist auch jetzt über die Stiefeln des Katers ein sehr scharfsinniger Gedanke eingefallen, und ich bewundre darin das Genie des Schauspielers. – Sehn Sie, er ist anfangs Kater, deshalb muß er seine natürliche Kleidung ablegen, um die passende Maske einer Katze zu nehmen; jetzt soll er nun wieder ganz als Jäger erscheinen (dies schließe ich daraus, daß ihn jeder so nennt, sich auch kein Mensch über ihn verwundert), ein ungeschickter Schauspieler würde sich auch gewiß in einen Jagdhabit geworfen haben: – aber – wie würde es um unsre Illusion aussehn? Wir hätten vielleicht darüber vergessen, daß er doch im Grunde ein Kater ist, und wie unbequem müßte dem Schauspieler eine neue Kleidung über dem schon vorhandenen Pelze sein? Durch die Stiefeln aber deutet er sehr geschickt die Jägeruniform nur an, und daß solche Andeutungen vollkommen kunstgemäß sind, beweisen uns ganz vorzüglich die Alten, die oft –

Fischer: Schon wieder die Alten!

Bötticher: Verzeihen Sie, es ist eine angenehme, sonst löbliche Gewohnheit, die ich mir zugelegt habe, verträgt sich auch mit aller möglichen modernen Eleganz. Ich bin übrigens gesonnen, meine Herren, ein eignes Buch über die dargestellte Rolle des Katers herauszugeben (wozu ich mir auch nachher von Ihnen allerseits einige scharfsinnige Bemerkungen ausbitten werde), und darum wünschte ich wohl, daß das Stück nicht so oft unterbrochen würde. Die Szene, in welcher er dem Könige das Kaninchen mit so großer Kunst überliefert, schien mir fast sein Triumph, wenn ich die letzte ausnehme, in welcher sich sein Genie noch glänzender zeigte; denn jene spielte er ganz und gar mit dem linken Zeigefinger und einer geringen Bewegung des rechten Fußes. Was würde da mancher Schauspieler sich heftig bewegt und laut geschrieen haben? Aber er, er steht ruhig auf sich selber da, sich kennend, seiner Größe vertrauend, wohl wissend, daß das Kaninchen im Tornister steckt, den er nur aufknöpfen darf, um sein Glück zu machen.

Schlosser: Uns dünkt der Mensch aber sehr langweilig.

Bötticher: Sie sind vielleicht nur verwöhnt, meine Herren. Waren Sie denn nicht tief erschüttert, in jener einzigen, unnachahmlichen Szene, als dem Würdigsten seines Geschlechtes auf Befehl des Tyrannen sein ehrwürdiger Bart ausgerauft ward? Nicht wahr, hier hätten Sie Geschrei, Fußstampfen, Zähneknirschen erwartet? Wie mancher Schreier unsrer Bühnen, der in Heldenrollen gerühmt wird, hätte hier die ganze Kraft seines Organs aufgeboten, um sich den Beifall des Haufens zu ertoben? Nicht so unser großer origineller Künstler. Da stand er, still, in sich gezogen, seinen Schmerz zurückzwängend; während die rechte Hand in der aufgeknöpften Weste unter dem Jabot ruhig steckt, ist die linke mit der ausgestreckten Fläche nach oben gewandt, sie drückte seinen Unwillen aus, und forderte gleichsam des Himmels Unterstützung; sein Gesicht war ruhig, fast lächelnd, in Verachtung gegen die Diener des Tyrannen, nur eine zwinkernde Bebung zuckte im aufwärtsrollenden Auge, in der man sein ganzes Gefühl erkannte, und nun ertönt aus gehobener Brust das herzdurchschneidende *Au, Mau, Miau,* so gedehnt, so gezogen, so wimmernd klagend, daß uns allen der Atem verging; doch das Gefühl des Unwillens läßt sich nicht ganz zurückhalten, und nun der plötzlich kühne Übergang in jenen Ausruf des Zornes, den der Narr ein Prusten nannte, und vor dem selbst die schamlosen Despotenknechte zurückfuhren. Wahrlich, dies war der Gipfel aller Kunst. Ja in diesem marrenden, quarrenden, prustigen Tone möcht ich von diesem einzigen Manne einmal den König Lear, oder den Wallenstein spielen sehn; ich bin überzeugt, diese Darstellungen wären etwas Unerhörtes, und würden gegen jene Schreier grell abstechen, die die tragischen Rollen immer nur mit sogenannter Kraft und mit Nachdruck zu spielen suchen.

Fischer: Das fehlt uns noch! Es ist aber unausstehlich, wenn es da oben einmal still ist, so martert uns der Kenner hier fast ebensosehr. – Der Vorhang geht auf!

Dritter Akt

Bauernstube.

Der Dichter, der Maschinist.

Maschinist: Meinen Sie denn wirklich, daß das etwas helfen wird ?

Dichter: O mein verehrtester Herr Maschinist, ich bitte Sie, ich beschwöre Sie, schlagen Sie mir meine Bitte nicht ab; meine letzte Hoffnung, meine Rettung beruht nur darauf.

Leutner: Was ist denn das wieder? – Wie kommen denn diese Menschen in Gottliebs Stube?

Schlosser: Ich zerbreche mir über nichts mehr den Kopf.

Maschinist: Aber, lieber Freund, Sie verlangen auch wahrhaftig zu viel, daß das alles so in der Eil, ganz aus dem Stegereife zustande kommen soll.

Dichter: Sie verfolgen mich auch; einverstanden mit meinen Feinden drunten, erfreuen Sie sich meines Unglücks.

Maschinist: Nicht im mindesten.

Dichter *fällt vor ihm nieder*: Nun so beweisen Sie es mir dadurch, daß Sie meinen Bitten nachgeben; wenn das Mißfallen des Publikums bei irgendeiner Stelle wieder so laut ausbricht, so lassen Sie auf einen Wink von mir alle Maschinen spielen! Der zweite Akt ist so schon ganz anders geschlossen, als er in meinem Manuskripte steht.

Maschinist: Was ist denn das? – Wer hat denn die Gardine aufgezogen?

Dichter: Alles Unglück strömt auf mich ein, ich bin verloren – *Er flieht beschämt hinter die Kulissen.*

Maschinist: Solche Verwirrung ist noch an keinem Abende gewesen. *Geht ab. – Eine Pause.*

Wiesener: Gehört denn das zum Stück?

Nachbar: Natürlich, das motiviert ja die nachherigen Verwandlungen.

Fischer: Den heutigen Abend sollte man doch wirklich im Theaterkalender beschreiben.

König *hinter der Szene:* Nein, ich geh nicht vor, durchaus nicht; ich kann es nicht vertragen, wenn ich ausgelacht werde.

Dichter: Aber Sie – teuerster Freund – es ist doch einmal nicht zu ändern.

Hanswurst: Nun, ich will mein Glück versuchen. *Er tritt hervor, und verbeugt sich possierlich gegen das Publikum.*

Müller: Wie kömmt denn der Hanswurst nun in die Bauerstube?

Schlosser: Er wird gewiß einen abgeschmackten Monolog halten wollen.

Hanswurst: Verzeihen Sie, wenn ich mich erkühne, ein paar Worte vorzutragen, die eigentlich nicht zum Stücke gehören.

Fischer: O Sie sollten nur ganz stille schweigen, Sie sind uns schon im Stücke zuwider, vielmehr nun gar so –

Schlosser: Ein Hanswurst untersteht sich mit uns zu reden?

Hanswurst: Warum denn nicht? denn, wenn ich ausgelacht werde, so tut mir das nichts, sondern es ist im Gegenteil mein heißester Wunsch, daß Sie geruhen möchten, über mich zu lachen. Nein, nein, ich bitte, genieren Sie sich nur gar nicht, wir sind hier unter uns.

Leutner: Das ist ziemlich possierlich.

Hanswurst: Was dem Könige freilich wenig ansteht, schickt sich desto besser für mich; er wollte daher auch gar nicht vorkommen, sondern überließ mir diese wichtige Ankündigung.

Müller: Wir wollen aber nichts hören.

Hanswurst: Meine lieben deutschen Landsleute –

Schlosser: Ich denke, das Stück spielt draußen in Asien?

Hanswurst: Kann sein, ich weiß nicht; jetzt aber, verstehn Sie mich, jetzt rede ich ja zu Ihnen als bloßer Schauspieler zu den Zuschauern, nicht als Hanswurst, sondern als Mensch zu einem Publikum, das nicht in der Illusion begriffen ist, sondern sich außerhalb derselben befindet; kühl, vernünftig, bei sich, vom Wahnsinn der Kunst unberührt. Kapieren Sie mich? Können Sie mir folgen? Distinguieren Sie?

Schlosser: Adieu! Nun geht's fort mit mir, ich schnappe über. Richtig, wie ich immer vorhergesagt habe.

Müller: Wir verstehn Sie gar nicht.

Schlosser: Sagen Sie doch nicht zu einem Hanswurste Sie.

Müller: Er sagt ja aber, daß er jetzt nur einen Menschen vorstellt.

Hanswurst: Geruhen Sie doch zu vernehmen (und das ist die Ursach, weshalb ich komme), daß die vorige Szene, die Sie eben sahen, gar nicht zum Stücke gehört.

Fischer: Nicht zum Stücke? Wie kömmt sie denn aber hinein?

Hanswurst: Der Vorhang war zu früh aufgezogen. Es war eine Privatunterredung, die gar nicht auf dem Theater vorgefallen wäre, wenn man zwischen den Kulissen nur etwas mehr Raum hätte. Sind Sie also illudiert gewesen, so ist es wahrlich um so schlimmer, und es hilft nichts, Sie müssen dann so gütig sein und die Mühe daran setzen, diese Täuschung aus sich wieder auszurotten; denn von jetzt an, verstehn Sie mich, von dem Augenblicke, daß ich werde abgegangen sein, nimmt der dritte Akt erst seinen Anfang. Unter uns: alles Vorhergehende gehört nicht zur Sache; es ist eine Zugabe, die wir uns jetzt wieder von Ihnen zurückerbitten. Aber Sie sollen entschädigt werden; es wird im Gegenteil bald manches kommen, das ziemlich zur Sache gehört, denn ich habe den Dichter selbst gesprochen und er hat's mir zugeschworen.

Fischer: Ja, Euer Dichter ist der rechte Kerl.

Hanswurst: Nicht wahr, er ist nichts wert?

Müller: Gar nichts, Hanswurst; es ist mir lieb, daß Sie die Einsicht haben.

Hanswurst: Nun, das freut mich von Herzen, daß noch jemand anders meinen Geschmack hat.

Das Parterre: O wir alle, wir alle, keiner denkt anders.

Hanswurst: Gehorsamer Diener, gar zu viele Ehre. – Ja, es ist, weiß Gott, ein elender Dichter – nur, um ein schlechtes Beispiel zu geben: welche armselige Rolle hat er mir zugeteilt? Wo bin ich denn witzig und spaßhaft? Ich komme in so wenigen Szenen vor, und ich glaube, wenn ich nicht noch itzt durch einen glücklichen Zufall herausgetreten wäre, ich erschiene gar nicht wieder.

Dichter *hervorstürzend*: Unverschämter Mensch –

Hanswurst: Sehn Sie! Sogar auf die kleine Rolle, die ich jetzt spiele, ist er neidisch.

Dichter *auf der andern Seite des Theaters, mit einer Verbeugung*: Verehrungswürdige! ich hätte es nie wagen dürfen, diesem Manne eine größere Rolle zu geben, da ich Ihren Geschmack kenne –

Hanswurst *auf der andern Seite*: *Ihren* Geschmack! – Nun sehn Sie den Neid. – Und soeben haben Sie erklärt, daß mein Geschmack und der Ihrige in *einer* Form gegossen seien.

Dichter: Ich wollte Sie durch gegenwärtiges Stück nur vorerst zu noch ausschweifenderen Geburten der Phantasie vorbereiten.

Alle Im Parterre: Wie? – Was?

Dichter: Denn stufenweise nur kann die Ausbildung geschehn, die den Geist das Phantastische und Humoristische lieben lehrt.

Hanswurst: Humoristische! Was er die Backen voll nimmt, und es ist doch lauter Wind. Aber Geduld, er hat gut Rollen-Schreiben, wir machen im Spielen doch ganz andre daraus.

Dichter: Ich empfehle mich indes, um den Gang des Stückes nicht länger zu unterbrechen, und bitte der vorigen Störung wegen noch einmal um Verzeihung. *Geht ab.*

Hanswurst: Adieu, meine Teuren, bis auf Wiedersehn. – *Er geht ab, und kömmt schnell wieder.* Apropos! noch eins! – Auch was jetzt unter uns vorgefallen ist, gehört, genau genommen, nicht zum Stück. *Ab.*

Das Parterre lacht.

Hanswurst *kömmt schnell zurück:* Lassen Sie uns heut das miserable Stück zu Ende spielen; tun Sie, als merken Sie gar nicht, wie schlecht es ist, und sowie ich nach Hause komme, setze ich mich hin und schreibe eins für Sie nieder, das Ihnen gewiß gefallen soll. *Ab. Viele klatschen.*

Erste Szene

***Gottlieb** und **Hinze** treten auf.*

Gottlieb: Lieber Hinze, es ist wahr, du tust sehr viel für mich, aber ich kann immer noch nicht einsehn, was es mir helfen soll.

Hinze: Auf mein Wort, ich will dich glücklich machen, und ich scheue keine Mühe und Arbeit, keine Schmerzen, keine Aufopferungen, um diesen Endzweck durchzusetzen.

Gottlieb: Bald, sehr bald muß es geschehn, sonst ist es zu spät – es ist schon halb acht, und um acht ist die Komödie aus.

Hinze: Was Teufel ist denn das?

Gottlieb: Ach, ich war in Gedanken! sonst, wollte ich sagen, verschmachten wir beide. Aber sieh, wie schön die Sonne aufgegangen ist. – Der verdammte Souffleur spricht so undeutlich, und wenn man denn manchmal extemporieren will, geht's immer schief.

Hinze *leise:* Nehmen Sie sich doch zusammen, das ganze Stück bricht sonst in tausend Stücke.

Schlosser: Was sprach der von Komödie und halb acht?

Fischer: Ich weiß nicht; mir deuchte wir sollten achtgeben, es würde bald aus sein.

Schlosser: Ja wohl, acht! gottlob, um acht werden wir erlöst; wenn wir achtgeben, so wird es um acht für uns ein Losgehen; bis neun, nein, könnt es keiner aushalten; um zehn würd ich mit Zähnen um mich beißen.

Müller: Bester, Sie phantasieren schon in der Manier des Stücks.

Schlosser: Ja, ich bin auf lange ruiniert.

Gottlieb: Also heut noch soll sich mein Glück entscheiden?

Hinze: Ja, lieber Gottlieb, noch ehe die Sonne untergeht. Sieh, ich liebe dich so sehr, daß ich für dich durchs Feuer laufen möchte – und du zweifelst an meiner Freundschaft?

Wiesener: Haben Sie's wohl gehört? – Er wird durchs Feuer laufen. – Schön! da bekommen wir noch die Dekoration aus der Zauberflöte, mit dem Wasser und Feuer.

Nachbar: Katzen gehn aber nicht ins Wasser.

Wiesener: Desto größer ist ja des Katers Liebe für seinen Herrn; merken Sie, das will uns ja der Dichter eben dadurch zu verstehn geben.

Hinze: Was hast du denn wohl Lust zu werden in der Welt?

Gottlieb: Das ist schwer zu sagen.

Hinze: Möchtest du wohl Prinz oder König werden?

Gottlieb: Das noch am ersten.

Hinze: Fühlst du auch die Kraft in dir, ein Volk glücklich zu machen?

Gottlieb: Warum nicht? Wenn *ich* nur erst glücklich bin.

Hinze: Nun so sei zufrieden; ich schwöre dir, du sollst den Thron besteigen. *Geht ab.*

Gottlieb: Wunderlich müßt es zugehn. – Doch kömmt ja in der Welt so manches unerwartet. *Geht ab.*

Bötticher: Bemerken Sie doch die unendliche Feinheit, mit der der Kater seinen Stock hält, so zart, so leutselig.

Fischer: Sie sind uns mit Ihren Feinheiten schon längst zur Last, Sie sind noch langweiliger als das Stück.

Müller: Ja es ist recht verdrüßlich, immer diese Entwickelungen und Lobpreisungen anhören zu müssen.

Bötticher: Aber der Kunstenthusiasmus sucht sich doch auszusprechen.

Schlosser: O es soll nun gleich zu Ende sein! Fassen Sie an, bester Herr Leutner; Herr Müller, halten Sie ihm den Kopf, ich habe hier eine Maschine, die ihm den Mund schließen und das Sprechen untersagen wird.

Bötticher: Sie werden doch nimmermehr –

Schlosser: So, nun steckt ihm der Knebel schon im Munde; Herr Fischer, lassen Sie die Feder zuschnappen, so ist die Sache gemacht. *Sie knebeln ihn.*

Bötticher: Das ist doch himmelschreiend, daß ein Kunstke- –

Schlosser: Kunstkenner will er sagen. So, jetzt wird doch von *der* Seite Ruhe sein. Nun sehn Sie hübsch still und bedächtlich zu.

Zweite Szene

Freies Feld.

Hinze *mit Tornister und Sack:* Ich bin der Jagd ganz gewohnt worden, alle Tage fang ich Rebhühner, Kaninchen und dergleichen, und die lieben Tierchen kommen auch immer mehr in die Übung, sich fangen zu lassen. – *Er spreitet seinen Sack aus.* Die Zeit mit den Nachtigallen ist nun vorbei, ich höre keine einzige.

***Die beiden Liebenden** treten auf.*

Er: Geh, du bist mir zur Last.

Sie: Du bist mir zuwider.

Er: Eine schöne Liebe!

Sie: Jämmerlicher Heuchler, wie hast du mich betrogen!

Er: Wo ist denn deine unendliche Zärtlichkeit geblieben?

Sie: Und deine Treue?

Er: Deine Wonnetrunkenheit?

Sie: Deine Entzückungen?

Beide: Der Teufel hat's geholt! das kommt vom Heiraten!

Hinze: So ist die Jagd noch nie gestört worden. – Wenn Sie doch geruhen wollten, zu bemerken, daß dieses freie Feld für Ihre Schmerzen offenbar zu enge ist, und irgendeinen Berg besteigen.

Er: Schlingel! *Gibt Hinzen eine Ohrfeige.*

Sie: Flegel! *Gibt ihm von der andern Seite eine.*

Hinze knurrt.

Sie: Ich dächte, wir ließen uns scheiden.

Er: Ich stehe zu Befehl. *Die Liebenden gehen ab.*

Hinze: Niedliches Volk, die sogenannten Menschen. – Sieh da, zwei Rebhühner, ich will sie schnell hintragen. – Nun, Glück, tummle dich, denn fast wird mir die Zeit auch zu lang. – Jetzt hab ich gar keine Lust mehr, die Rebhühner zu fressen. So gewiß ist es, daß wir durch bloße Gewohnheit unserer Natur alle möglichen Tugenden einimpfen können. *Geht ab.*

Bötticher *unterm Knebel:* Himm – himm – li – sch!

Schlosser: Strengen Sie sich nicht so an, es ist doch vergeblich.

Dritte Szene

Saal im Palast.

*Der **König** auf seinem Thron mit der **Prinzessin, Leander** auf einem Katheder, ihm gegenüber **Hanswurst** auf einem andern Katheder; in der Mitte des Saals steckt auf einer hohen Stange ein Hut, der mit Gold besetzt und mit bunten Federn geschmückt ist; der ganze Hof ist versammelt.*

König: Noch nie hat sich ein Mensch um das Vaterland so verdient gemacht, als dieser liebenswürdige Graf von *Carabas*. Einen dicken Folianten hat unser Historiograph schon vollgeschrieben, so oft hat er mir durch seinen Jäger niedliche und wohlschmeckende Präsente übermacht, manchmal sogar an einem Tage zweimal. Meine Erkenntlichkeit gegen ihn ist ohne Grenzen, und ich wünsche nichts so sehnlich, als irgendeinmal eine Gelegenheit zu finden, etwas von meiner großen Schuld gegen ihn abzutragen.

Prinzessin: Liebster Herr Vater, wollten Dieselben nicht gnädigst erlauben, daß jetzt die gelehrte Disputation ihren Anfang nehmen könnte? Mein Herz schmachtet nach dieser Geistesbeschäftigung.

König: Ja, es mag jetzt seinen Anfang nehmen. – Hofgelehrter – Hofnarr – ihr wißt beide, daß demjenigen von euch, der in dieser Disputation den Sieg davonträgt, jener kostbare Hut beschieden ist; ich habe ihn auch deswegen hier aufrichten lassen, damit ihr ihn immer vor Augen habt und es euch nie an Witz gebricht.

Leander und Hanswurst verneigen sich.

Leander: Das Thema meiner Behauptung ist, daß ein neuerlich erschienenes Stück: *der gestiefelte Kater*, ein gutes Stück sei.

Hanswurst: Das ist gerade das, was ich leugne.

Leander: Beweise, daß es schlecht sei.

Hanswurst: Beweise, daß es gut sei.

Leutner: Was ist denn das wieder? – die Rede ist ja wohl von demselben Stücke, das hier gespielt wird, wenn ich nicht irre.

Müller: Freilich von demselben.

Leander: Das Stück ist, wenn nicht ganz vortrefflich, doch in einigen Rücksichten zu loben.

Hanswurst: In gar keiner Rücksicht.

Leander: Ich behaupte, es ist Witz darin.

Hanswurst: Ich behaupte, es ist keiner drin.

Leander: Du bist ein Narr; wie willst du über Witz urteilen?

Hanswurst: Und du bist ein Gelehrter, was willst du von Witz verstehn?

Leander: Manche Charaktere sind gut durchgeführt.

Hanswurst: Kein einziger.

Leander: So ist, wenn ich auch alles übrige fallenlasse, das Publikum gut darin gezeichnet.

Hanswurst: Ein Publikum hat nie einen Charakter.

Leander: Über diese Frechheit möcht ich fast erstaunen.

Hanswurst *gegen das Parterre*: Ist es nicht ein närrischer Mensch? Ich und das verehrungswürdige Publikum stehn nun beide gleichsam auf du und du, und sympathisieren in Ansehung des Geschmacks, und doch will er gegen meine Meinung behaupten, das Publikum im gestiefelten Kater sei gut gezeichnet.

Fischer: Das Publikum? Es kommt ja kein Publikum in dem Stücke vor.

Hanswurst: Noch besser! Also kömmt gar kein Publikum darin vor?

Müller: Je bewahre! Wir müßten ja doch auch darum wissen.

Hanswurst: Natürlich. Nun, siehst du, Gelehrter? Was die Herren da unten sagen, muß doch wohl wahr sein.

Leander: Ich werde konfus – aber ich lasse dir noch nicht den Sieg.

Hinze tritt auf.

Hanswurst: Herr Jäger, ein Wort! –

Hinze nähert sich, Hanswurst spricht heimlich mit ihm.

Hinze: Wenn es weiter nichts ist. – *Er zieht die Stiefeln aus, und klettert die Stange hinauf, nimmt den Hut, springt herunter und zieht die Stiefeln wieder an.*

Hanswurst, *den Hut schwenkend:* Sieg! Sieg!

König: Der Tausend! Wie ist der Jäger geschickt!

Leander: Es betrübt mich nur, daß ich von einem Narren überwunden bin, daß Gelehrsamkeit vor Torheit die Segel streichen muß.

König: Sei ruhig; du wolltest den Hut haben, er wollte den Hut haben, da seh ich nun wieder keinen Unterschied. Aber was bringst du, Jäger?

Hinze: Der Graf von *Carabas* läßt sich Eurer Majestät demütigst empfehlen, und nimmt sich die Freiheit, Ihnen diese beiden Rebhühner zu überschicken.

König: Zu viel! zu viel! Ich erliege unter der Last der Dankbarkeit. Schon lange hätte ich meine Pflicht beobachten sollen, ihn zu besuchen, heute will ich es nun nicht länger aufschieben. – Laßt geschwind meine Staatskarosse in Ordnung bringen, acht Pferde vor, ich will mit meiner Tochter ausfahren! – Du, Jäger, sollst uns den Weg nach dem Schlosse des Grafen zeigen. *Geht mit seinem Gefolge ab.*

Hinze, Hanswurst.

Hinze: Worüber war denn eure Disputation?

Hanswurst: Ich behauptete, ein gewisses Stück, das ich übrigens gar nicht kenne: *der gestiefelte Kater*, sei ein erbärmliches Stück.

Hinze: So?

Hanswurst: Adieu, Herr Jäger, viel Dank. *Setzt den Hut auf und geht.*

Hinze *allein*: Ich bin ganz melancholisch. – Ich habe selbst dem Narren zu einem Siege verholfen, ein Stück herabzusetzen, in welchem ich die Hauptrolle spiele! – Schicksal! Schicksal! In welche Verwirrungen führst du so oft den Sterblichen! Doch mag es hingehn, wenn ich es nur dahin bringe, meinen geliebten Gottlieb auf den Thron zu setzen, so will ich herzlich gern alles Ungemach vergessen; will vergessen, daß ich mir und meiner Existenz zu nahe trete, indem ich die bessere Kritik entwaffnete und der Narrheit Waffen gegen mich selbst in die Hände gegeben; will vergessen, daß man mir den Bart ausgerauft und fast den Leib aufgeschnitten hätte; ja ich will nur im Freunde leben und der Nachwelt das höchste Muster uneigennütziger Freundschaft zur Bewunderung zurücklassen. – Der König will den Grafen besuchen? das ist noch ein schlimmer Umstand, den ich ins reine bringen muß. – In seinem Schlosse, das bis jetzt noch nirgend in der Welt liegt? – Nun ist der große wichtige Tag erschienen, an dem ich euch, ihr Stiefeln, ganz vorzüglich brauche! Verlaßt mich heut nicht, zerreißt nur heut nicht, zeigt nun, von welchem Leder ihr seid, von welchen Sohlen! Auf denn! Füß und Stiefeln an das große Werk, denn noch heut muß sich alles entscheiden! *Geht ab.*

Schlosser: Was würgen Sie denn so?

Bötticher: G – Gr – Großß!!

Fischer: Sagt mir nur, wie das ist – das Stück selbst – das kömmt wieder als Stück im Stücke vor?

Schlosser: Ich habe jetzt keinen mehr, an dem ich meinen Zorn, in welchen mich das Stück versetzt hat, auslassen könnte; da steht er, ein stummes Denkmal meiner eignen Verzweiflung.

Vierte Szene

Vor dem Wirtshause.

Der Wirt, *der mit einer Sense Korn mäht*: Das ist eine schwere Arbeit! – Je nun, die Leute können auch nicht alle Tage desertieren; an den guten Kindern liegt's gewiß nicht, sie haben den besten Willen, es geht aber halt nicht immer an. Das Leben besteht doch aus lauter Arbeit: bald Bier zapfen, bald Gläser reinmachen, bald einschenken, nun gar mähen. Leben heißt arbeiten. Es kam mal ein Gelehrter hier durch, der sagte, um recht zu leben, müsse sich der Mensch den Schlaf abgewöhnen, weil er im Schlaf seine Bestimmung verfehle und nicht arbeite; der Kerl muß gewiß noch niemals müde gewesen sein, und noch keinen guten Schlaf getan haben, denn ich kenne doch nichts Herrlichers und Ausbündigers als den Schlaf. Ich wollte, es wäre erst so weit, daß ich mich niederlegen könnte.

***Hinze** tritt auf.*

Hinze: Wer etwas Wunderbares hören will, der höre mir jetzt zu. Wie ich gelaufen bin! Erstlich von dem königlichen Palast zu Gottlieb; zweitens mit Gottlieb nach dem Palast des Popanzes, wo ich ihn draußen im Walde gelassen habe; drittens von da wieder zum Könige; viertens lauf ich nun vor dem Wagen des Königes wie ein Laufer her und zeige ihm den Weg. O Beine, o Füße, o Stiefeln, wie viel müßt ihr heut verrichten! – He! guter Freund!

Wirt: Wer ist da? – Landsmann, Ihr müßt wohl fremde sein, denn die hiesigen Leute wissen's schon, daß ich um die Zeit kein Bier verkaufe, ich brauch's für mich selber; wer solche Arbeit tut, wie ich, der muß sich auch stärken; es tut mir leid, aber ich kann Euch nicht helfen.

Hinze: Ich will kein Bier, ich trinke gar kein Bier, ich will Euch nur ein paar Worte sagen.

Wirt: Ihr müßt wohl ein rechter Tagedieb sein, daß Ihr die fleißigen Leute in ihrem Beruf zu stören sucht.

Hinze: Ich will Euch nicht stören. Hört nur: der benachbarte König wird hier vorbeifahren, er steigt vielleicht aus und erkundigt sich, wem diese Dörfer hier gehören; wenn Euch Euer Leben lieb ist, wenn Ihr nicht gehängt, oder verbrannt sein wollt, so antwortet ja: dem Grafen von Carabas.

Wirt: Aber Herr, wir sind ja dem Gesetz untertan.

Hinze: Das weiß ich wohl, aber, wie gesagt, wenn Ihr nicht umkommen wollt, so gehört diese Gegend hier dem Grafen von Carabas. *Geht ab.*

Wirt: Schön Dank! – das wäre nun die schönste Gelegenheit, von aller Arbeit loszukommen, ich dürfte nur dem Könige sagen, das Land gehöre dem Popanz. Aber nein. Müßiggang ist aller Laster Anfang. *Ora et labora* ist mein Wahlspruch.

Eine schöne Kutsche mit acht Pferden, viele Bedienten hinten; der Wagen hält, ***der König*** *und* ***die Prinzessin*** *steigen aus.*

Prinzessin: Ich fühle eine gewisse Neugier, den Grafen zu sehn.

König: Ich auch, meine Tochter. – Guten Tag, mein Freund! wem gehören diese Dörfer hier?

Wirt *für sich*: Er frägt, als wenn er mich gleich wollte hängen lassen. – Dem Grafen von Carabas, Ihro Majestät.

König: Ein schönes Land. – Ich habe immer gedacht, daß das Land ganz anders aussehn müßte, wenn ich über die Grenze käme, so wie es auf der Landkarte ist. – Helft mir doch einmal. *Er klettert schnell einen Baum hinauf.*

Prinzessin: Was machen Sie, mein königlicher Vater?

König: Ich liebe in der schönen Natur die freien Aussichten.

Prinzessin: Sieht man weit?

König: O ja, und wenn mir die fatalen Berge hier nicht vor der Nase ständen, so würde ich noch weiter sehn. – O weh! der Baum ist voller Raupen. *Er steigt wieder hinunter.*

Prinzessin: Das macht, es ist eine Natur, die noch nicht idealisiert ist; die Phantasie muß sie erst veredeln.

König: Ich wollte, du könntest mir mit der Phantasie die Raupen abnehmen. – Aber steig ein, wir wollen weiterfahren.

Prinzessin: Lebe wohl, guter unschuldiger Landmann.

Sie steigen ein, der Wagen fährt weiter.

Wirt: Wie die Welt sich umgekehrt hat! – Wenn man so in alten Büchern liest, oder alte Leute erzählen hört, so kriegte man immer Goldstücke, oder herrliche Kostbarkeiten, wenn man mit einem Könige oder Prinzen sprach. Aber jetzt! Wie soll man noch sein Glück unverhoffterweise machen, wenn es sogar mit den Königen nichts mehr ist? Wenn ich ein König wäre, ich unterstände mir nicht, den Mund aufzutun, wenn ich den Leuten nicht erst Geld in die Hand gesteckt hätte. – Unschuldiger Landmann! Wollte Gott, ich wäre nichts schuldig. – Aber das machen die neuen empfindsamen Schilderungen vom Landleben. So ein König ist kapabel und beneidet unsereinen noch. – Ich muß nur Gott danken, daß er mich nicht gehängt hat. Der fremde Jäger war am Ende unser Popanz selber. – Wenigstens kömmt es nun doch in die Zeitung, daß der König gnädig mit mir gesprochen hat. *Geht ab.*

Fünfte Szene

Eine andre Gegend.

***Kunz**, der Korn mäht.*

Kunz: Saure Arbeit! Und wenn ich's noch für mich täte, aber der Hofedienst! Da muß man für den Popanz schwitzen, und er dankt es einem nicht einmal. – Es heißt wohl immer in der Welt, die Gesetze sind notwendig, um die Leute in Ordnung zu halten, aber warum da *unser Gesetz* notwendig ist, der uns alle auffrißt, kann ich nicht einsehn.

Hinze kömmt gelaufen.

Hinze: Nun hab ich schon Blasen unter den Füßen! – Nun, es tut nichts; Gottlieb, Gottlieb muß dafür auf den Thron! He! guter Freund!

Kunz: Was ist denn das für ein Kerl?

Hinze: Hier wird sogleich der König vorbeifahren; wenn er Euch frägt, wem dies alles gehört, so müßt Ihr antworten, dem Grafen von Carabas, sonst werdet Ihr in tausend Millionen Stückchen gehackt. Zum Besten des Publikums will es so das Gesetz.

Fischer: Wie? zum Besten des Publikums?

Schlosser: Natürlich, weil sonst das Stück gar kein Ende hätte.

Hinze: Euer Leben wird Euch lieb sein! *Geht ab.*

Kunz: Das ist so, wie die Edikte immer klingen. Nun, mir kann's recht sein, wenn nur keine neue Auflagen daraus entstehen, daß ich das sagen soll. Man darf keiner Neuerung trauen.

*Die Kutsche fährt vor und hält, **König** und **Prinzessin** steigen aus.*

König: Auch eine hübsche Gegend. Wir haben doch schon eine Menge recht hübscher Gegenden gesehn. – Wem gehört das Land hier?

Kunz: Dem Grafen von Carabas.

König: Er hat herrliche Länder, das muß wahr sein – und so nahe an dem meinigen. Tochter, das wäre so eine Partie für dich. Was meinst du?

Prinzessin: Sie beschämen mich, Herr Vater. – Aber was man doch auf Reisen Neues sieht. Sagt mir doch einmal, guter Bauer, warum haut Ihr denn das Stroh so um?

Kunz *lachend:* Das ist ja die Ernte, Mamsell Königin, das Getreide.

König: Das Getreide? – Wozu braucht Ihr denn das?

Kunz *lachend:* Daraus wird ja das Brot gebacken.

König: Bitt ich dich ums Himmels willen, Tochter! – daraus wird Brot gebacken! – Wer sollte wohl auf solche Streiche kommen? – Die Natur ist doch etwas Wunderbares. Hier, guter Freund, habt Ihr ein klein Trinkgeld, es ist heute warm. –

Er steigt mit der Prinzessin wieder ein, der Wagen fährt fort.

Kunz: Kennt kein Getreide! Alle Tage erfährt man doch mehr Neues. – Wenn er mir nicht ein blankes Goldstück gegeben hätte, und wenn er kein König wäre, so sollte man denken, er wäre ein ganz einfältiger Mensch. – Ich will mir nur gleich eine Kanne gutes Bier holen. Kennt kein Getreide! *Geht ab.*

Sechste Szene

Eine andere Gegend an einem Flusse.

Gottlieb: Da steh ich nun hier schon seit zwei Stunden und warte auf meinen Freund Hinze. – Er kömmt immer noch nicht. – Da ist er! Aber wie er läuft! Er scheint ganz außer Atem.

***Hinze** kömmt gelaufen.*

Hinze: Nun, Freund Gottlieb, zieh dir geschwind die Kleider aus.

Gottlieb: Die Kleider?

Hinze: Und dann springe hier ins Wasser. –

Gottlieb: Ins Wasser?

Hinze: Und dann werf ich die Kleider in den Busch. –

Gottlieb: In den Busch?

Hinze: Und dann bist du versorgt

Gottlieb: Das glaub ich selber; wenn ich ersoffen bin, und die Kleider weg sind, bin ich versorgt genug.

Hinze: Es ist nicht Zeit zum Spaßen. –

Gottlieb: Ich spaße gar nicht. Hab ich darum hier warten müssen?

Hinze: Zieh dich aus!

Gottlieb: Nun, ich will dir alles zu Gefallen tun.

Hinze: Komm, du sollst dich nur ein wenig baden. *Er geht mit ihm ab, und kömmt mit den Kleidern zurück, die er in den Busch hineinwirft.* – Hülfe! Hülfe! Hülfe!

*Die Kutsche fährt vor, **der König** sieht aus dem Schlage.*

König: Was gibt's denn, Jäger? Warum schreist du so?

Hinze: Hülfe, Ihre Majestät, der Graf von Carabas ist ertrunken.

König: Ertrunken!

Prinzessin *im Wagen:* Carabas!

König: Meine Tochter in Ohnmacht! – Der Graf ertrunken!

Hinze: Er ist vielleicht noch zu retten, er liegt dort im Wasser.

König: Bediente! wendet alles, alles an, den edlen Mann zu erhalten.

Ein Bedienter: Wir haben ihn gerettet, Ihro Majestät.

Hinze: Unglück über Unglück, mein König. – Der Graf hatte sich hier in dem klaren Flusse gebadet, und ein Spitzbube hat ihm die Kleider gestohlen.

König: Schnallet gleich meinen Koffer ab! Gebt ihm von meinen Kleidern! – Ermuntre dich, Tochter, der Graf ist gerettet.

Hinze: Ich muß eilen. *Geht ab.*

***Gottlieb** in den Kleidern des Königs.*

Gottlieb – Ihro Majestät. –

König: Das ist der Graf! Ich kenne ihn an meinen Kleidern! Steigen Sie ein, mein Bester – was machen Sie? – Wo kriegen Sie all die Kaninchen her? – Ich weiß mich vor Freude nicht zu lassen! – Zugefahren, Kutscher! –

Der Wagen fährt schnell ab.

Ein Bedienter: Da mag der Henker so schnell hinaufkommen – nun hab ich das Vergnügen zu Fuße nachzulaufen, und naß bin ich überdies noch wie eine Katze. *Geht ab.*

Leutner: Wie oft wird denn der Wagen noch vorkommen! – Diese Situation wiederholt sich auch gar zu oft.

Wiesener: Herr Nachbar! – Sie schlafen ja.

Nachbar: Nicht doch – ein schönes Stück!

Siebente Szene

Palast des Popanzes.

***Der Popanz** steht als Rhinozeros da, **ein armer Bauer** vor ihm.*

Bauer: Geruhn Ihr Gnaden Popanz –

Popanz: Gerechtigkeit muß sein, mein Freund.

Bauer: Ich kann jetzt noch nicht zahlen –

Popanz: Aber Er hat doch den Prozeß verloren, das Gesetz fordert Geld und Seine Strafe; Sein Gut muß also verkauft werden, es ist nicht anders und das von Rechts wegen!

Bauer geht ab.

Popanz, *der sich wieder in einen ordentlichen Popanz verwandelt*: Die Leute würden allen Respekt verlieren, wenn man sie nicht so zur Furcht zwänge.

Ein Amtmann tritt mit vielen Bücklingen herein.

Amtmann: Geruhen Sie – gnädiger Herr – ich –

Popanz: Was ist Ihm, mein Freund?

Amtmann: Mit Ihrer gütigsten Erlaubnis, ich zittre und bebe vor Dero furchtbaren Anblick.

Popanz: Oh, das ist noch lange nicht meine entsetzlichste Gestalt.

Amtmann: Ich kam eigentlich – in Sachen – um Sie zu bitten, sich meiner gegen meinen Nachbar anzunehmen – ich hatte auch diesen Beutel mitgebracht – aber der Anblick des Herrn Gesetzes ist mir zu schrecklich.

Popanz verwandelt sich plötzlich in eine Maus, und sitzt in einer Ecke.

Amtmann: Wo ist denn der Popanz geblieben?

Popanz *mit einer feinen Stimme:* Legen Sie nur das Geld auf den Tisch dort hin; ich sitze hier, um Sie nicht zu erschrecken.

Amtmann: Hier. – *Legt das Geld hin.* O das ist eine herrliche Sache mit der Gerechtigkeit. – Wie kann man sich vor einer solchen Maus fürchten? *Geht ab.*

Popanz *nimmt seine natürliche Gestalt an*: Ein ziemlicher Beutel – man muß auch mit den menschlichen Schwachheiten Mitleid haben.

***Hinze** tritt herein.*

Hinze: Mit Ihrer Erlaubnis – *Für sich:* Hinze, du mußt dir ein Herz fassen – Ihro Exzellenz –

Popanz: Was wollt Ihr?

Hinze: Ich bin ein durchreisender Gelehrter, und wollte mir nur die Freiheit nehmen, Ihro Exzellenz kennenzulernen.

Popanz: Gut, so lern Er mich kennen.

Hinze: Sie sind ein mächtiger Fürst, Ihre Gerechtigkeitsliebe ist in der ganzen Welt bekannt.

Popanz: Ja, das glaub ich wohl. – Setz Er sich doch.

Hinze: Man erzählt viel Wunderbares von Ihro Hoheit –

Popanz: Die Leute wollen immer was zu reden haben, und da müssen denn die regierenden Häupter zuerst dran.

Hinze: Aber eins kann ich doch nicht glauben, daß Dieselben sich nämlich in Elefanten und Tiger verwandeln können.

Popanz: Ich will Ihm gleich ein Exempel davon geben. *Er verwandelt sich in einen Löwen.*

Hinze *zieht zitternd eine Brieftasche heraus:* Erlauben Sie mir, daß ich mir diese Merkwürdigkeit notiere. – Aber nun geruhen Sie auch, Ihre natürliche anmutige Gestalt wieder anzunehmen, weil ich sonst vor Angst vergehe.

Popanz *in seiner Gestalt:* Gelt, Freund, das sind Kunststücke?

Hinze: Erstaunliche. Aber, noch eins: man sagt auch, Sie könnten sich in ganz kleine Tiere verwandeln; das ist mir mit Ihrer

Erlaubnis noch weit unbegreiflicher; denn, sagen Sie mir nur, wo bleibt dann Dero ansehnlicher Körper?

Popanz: Auch das will ich machen. *Er verwandelt sich in eine Maus; Hinze springt hinter ihm her auf allen vieren; Popanz erschreckt, entflieht in ein andres Zimmer, Hinze ihm nach.*

Hinze *zurückkommend*: Freiheit und Gleichheit! – Das Gesetz ist aufgefressen! Nun wird ja wohl der *Tiers état* Gottlieb zur Regierung kommen.

Allgemeines Pochen und Zischen im Parterre.

Schlosser: Halt! Ein Revolutionsstück! Ich wittre Allegorie und Mystik in jedem Wort! Halt! halt! Zurück möcht ich nun alles denken und empfinden, um all die großen Winke, die tiefen Andeutungen zu fassen, die religiöse Tiefe zu ergründen! Halt! Nur nicht gepocht! Es sollte lieber von vorn gespielt werden! Nur nicht weltlich getrommelt!

Das Pochen dauert fort; Wiesener und manche andre klatschen, Hinze ist sehr verlegen.

Bötticher: Ich – muß –

Fischer: Halten Sie sich nur ruhig.

Bötticher: Muß – muß –

Müller: Was er drückt! Wie er sich aufbläst!

Fischer: Ich fürchte, er platzt in der Anstrengung.

Bötticher: Muß – muß –

Fischer: Ums Himmels willen, Sie gehn zugrunde.

Bötticher: Lo – lo – *sehr laut:* loben!! –

Der Knebel fliegt ihm aus dem Munde, über das Orchester weg auf das Theater, und dem Hinze an den Kopf.

Hinze: O weh! o weh! sie werfen mit Steinen nach mir! Ich bin tödlich am Kopfe blessiert! *Er entflieht.*

Bötticher: Muß loben, preisen, vergöttern und auseinandersetzen das himmlische, das einzige Talent dieses unvergleichlichen Mannes, dem ähnlich nichts in unserm Vaterlande noch den übrigen Reichen anzutreffen ist. Und, o Jammer! er muß nun glauben, daß meine Anstrengung, ihn zu erheben, ihn hat beschädigen wollen, weil dieser verruchte Knebel ihm an sein ehrwürdiges, lorbeerumkränztes Haupt geflogen ist.

Fischer: Es war wie ein Kanonenschuß.

Müller: Lassen Sie ihn nur schwatzen und loben, und halten Sie den Herrn Schlosser, welcher auch wütig geworden ist.

Schlosser: O Tiefe, Tiefe der mystischen Anschauungen! O gewiß, gewiß wird der sogenannte Kater nun in der letzten Szene auf dem Berge im Aufgang der Sonne knien, daß ihm das Morgenrot durch seinen transparenten Körper scheint! O weh! o weh! und darum kommen wir nun. Horcht! das Pochen währt immer fort. Nein, Kerle, laßt mich los – weg da!

Leutner: Hier, Herr Fischer, habe ich zum Glück einen starken Bindfaden im Orchester gefunden; da, binden Sie ihm die Hände.

Müller: Die Füße auch, er stößt wie ein Rasender um sich.

Bötticher: Wie wohl, wie leicht ist mir, nun du Knebel fort, fort flogest, weit in die Welt hinein, und die Lobpreisungen, einem Strome ähnlich, der seinen Damm zerreißt, wieder ergiebig, wortüberflüssig, mit Anspielungen und Zitaten spielend, Stellen aus alten Autoren wälzend, dahinfluten können. O welchen Anstand hat dieser Mann! Wie drückte er die Ermüdung so sinnreich aus, daß er ein weniges mit den Knieen knickte und knackte, wenn er zum Stillstehn kam; nichts da vom Schweißabtrocknen, wie ein ordinärer Künstler getan haben würde; nein, dazu hatte er keine Zeit, der Erste, Einzige, Übermenschliche, Riesenhafte, Titanenmäßige!

Fischer: Er fällt ordentlich in den Hymnus, nun das Sperrwerk fort ist.

Müller: Lassen Sie ihn, mit dem Herrn Schlosser steht es viel schlimmer.

Schlosser: Ach! nun würde die geheime Gesellschaft kommen, die für das Wohl der Menschheit tätig ist; die Freiheit wird nun proklamiert, und ich bin hier gebunden.

Das Getümmel vermehrt sich, so wie das Geschrei im Parterre und auf der Galerie.

Leutner: Das ist ja ein höllischer Spektakul, als wenn das ganze Haus einbrechen wollte.

Dichter *hinter der Szene:* Ei was! laßt mich zufrieden – wohin soll ich mich retten? – *Er stürzt außer sich auf das Theater.* Was fang ich an, ich Elendester? – das Stück ist sogleich zu Ende – alles wäre vielleicht gut gegangen – ich hatte nun gerade von dieser moralischen Szene so vielen Beifall erwartet. –Wenn es nur nicht so weit von hier – nach dem Palast des Königs wäre – so holt ich den Besänftiger – er hat mir schon am Schluß des zweiten Aktes – alle Fabeln vom Orpheus glaublich gemacht. – Doch, bin ich nicht Tor? – Ich bin ja völlig konfuse; – auf dem Theater steh ich – und der Besänftiger muß irgendwo – zwischen den Kulissen stecken. – Ich will ihn suchen – ich muß ihn finden – er soll mich retten! – *Er geht ab, kommt schnell zurück.* Dort ist er nicht. – Herr Besänftiger! – Ein hohles Echo spottet meiner. – Kommen Euer Wohlgeboren! – Nur ein weniges vermittelnde Kritik – und das ganze Reich – das jetzt empört ist – kömmt zur Ruhe wieder. – Wir meinen es ja alle gut – wir haben ja nur den Mittelpunkt verfehlt – Publikum wie ich! – Herr Vermittler! Herr Besänftiger! – Etwas bessere Kritik, die Anarchie zu enden! – – O weh, er hat mich verlassen. – Ha!! – dort seh ich ihn – er muß hervor!

Die Pausen werden vom Parterre aus mit Pochen ausgefüllt, und der Dichter spricht diesen Monolog rezitativisch, so daß dadurch eine Art von Melodram entsteht.

Besänftiger, *hinter der Szene*: Nein, ich gehe nicht vor.

Dichter: Kommen Sie, sein Sie nur dreist, Sie werden gewiß Glück machen.

Besänftiger: Der Lärm ist zu ungeheuer.

Dichter, *stößt ihn mit Gewalt hervor:* Die Welt wartet auf Sie! Hinaus! Vermitteln Sie! Besänftigen Sie!

Besänftiger, *tritt vor mit dem Glockenspiel*: Ich will mein Heil versuchen. – *Er spielt auf den Glocken und singt:*

In diesen heilgen Hallen
Kennt man die Rache nicht,
Und ist ein Mensch gefallen,
Führt Liebe ihn zur Pflicht;
Dann wandelt er an Freundes Hand
Vergnügt und froh ins beßre Land.

Wozu dies wilde Brüllen,
Die Exzentrizität?
Das alles muß sich stillen,
Wenn die Kritik entsteht;
Dann wissen wir woran wir sind,
Das Ideal fühlt jedes Kind.

Das Parterre fängt an zu klatschen, indem verwandelt sich das Theater; das Feuer und das Wasser aus der Zauberflöte fängt an zu spielen, oben sieht man den offnen Sonnentempel, der Himmel ist offen, und Jupiter sitzt darin, unten die Hölle mit Tarkaleon; Kobolde und Hexen auf dem Theater, viel Licht. Das Publikum klatscht unmäßig, alles ist in Aufruhr.

Wiesener: Nun muß der Kater noch durch Feuer und Wasser gehn, und das Stück ist fertig.

Der König, dir Prinzessin, Gottlieb, Hinze, mit verbundenem Kopfe, Bediente treten herein.

Hinze: Dies ist der Palast des Grafen von Carabas. – Wie, Henker, hat sich's denn hier verändert?

König: Ein schön Palais.

Hinze: Weil's denn doch einmal so weit ist, *Gottlieb bei der Hand nehmend*, so müssen Sie erst hier durch das Feuer, und dann durch das Wasser gehn.

Gottlieb geht nach einer Flöte und Pauke durch Feuer und Wasser.

Hinze: Sie haben die Prüfung überstanden; nun, mein Prinz, sind Sie ganz der Regierung würdig.

Gottlieb: Das Regieren, Hinze, ist eine kuriose Sache. Mir ist heiß und kalt dabei geworden.

König: Empfangen Sie nun die Hand meiner Tochter.

Prinzessin: Wie glücklich bin ich!

Gottlieb: Ich ebenfalls. – Mein König, ich wünschte nun auch meinen Diener zu belohnen.

König: Allerdings; ich erhebe ihn hiermit in den Adelstand. *Er hängt dem Kater einen Orden um.* Wie heißt er eigentlich?

Gottlieb: Hinze; seiner Geburt nach ist er nur aus einer geringen Familie, aber seine Verdienste erheben ihn.

Leander tritt schnell herein.

Leander: Platz! Platz! *Er drängt sich durch.* Ich bin mit Extrapost nachgereiset, um meiner anbetungswürdigen Prinzessin und ihrem Herrn Gemahl Glück zu wünschen. *Er tritt vor, verbeugt sich gegen das Publikum.*

Vollendet ist die Tat, trotz tätgen Tatzen
Der Bosheit, glänzt sie in der Welt Geschichten
Jahrhunderten, die nach Verdiensten richten:
Wenn dann vergessen sind hochprahlnde Fratzen,

Die oft im stolzen Dünkel gleichsam platzen;
Dann tönt im Lied, in lieblichen Gedichten
Von schönen Lippen noch das Lob der schlichten,
Schmeich'lhaften, stillen, duldungsreichen Katzen.

Der große Hinz hat sein Geschlecht geadelt,
Er achtet nicht an Bein und Kopf der Wunden,
Nicht Popanz, Ungetüm, die ihn angrinzen.

Wenn Unbill nun das Katzgeschlecht blöd tadelt,
Irrwähnend Vorzug geben möchte Hunden
Man widerlegt nicht – nein! – nennt ihr nur – Hinzen!

Lautes allgemeines Pochen, der Vorhang fällt.

Epilog

Der König *tritt hinter dem Vorhang hervor:* Morgen werden wir die Ehre haben, die heutige Vorstellung zu wiederholen.

Fischer: Welche Unverschämtheit! *Alles pocht.*

König *gerät in Konfusion, geht Zurück und kommt dann wieder*: Morgen: – Allzu scharf macht schartig.

Alle: Ja wohl! ja wohl! – *Applaudieren, der König geht ab.*

Man schreit: Die letzte Dekoration! Die letzte Dekoration!

Hinter dem Vorhange: Wahrhaftig! Da wird die Dekoration hervorgerufen! *Der Vorhang geht auf, das Theater ist leer, man sieht nur die Dekoration.*

***Hanswurst** tritt mit Verbeugungen hervor.*

Hanswurst: Verzeihen Sie, daß ich so frei bin, mich im Namen der Dekoration zu bedanken; es ist nicht mehr als Schuldigkeit, wenn die Dekoration nur halbweg höflich ist. Sie wird sich bemühen, auch künftig den Beifall eines erleuchteten Publikums zu verdienen; daher wird sie es gewiß weder an Lampen noch an den nötigen Verzierungen fehlen lassen, denn der Beifall einer solchen Versammlung wird sie so – so – so anfeuern – o Sie sehn ja, sie ist vor Tränen so gerührt, daß sie nicht weitersprechen kann. –

Er geht schnell ab und trocknet sich die Augen, einige im Parterre weinen, die Dekoration wird weggenommen, man sieht die kahlen Wände des Theaters, die Leute fangen an fortzugehn; ***der Souffleur*** *steigt aus meinem Kasten;* ***der Dichter*** *erscheint demütig auf der Bühne.*

Dichter: Ich bin noch einmal so frei –

Fischer: Sind Sie auch noch da?

Müller: Sie sollten doch ja nach Hause gegangen sein.

Dichter: Nur noch ein paar Worte mit Ihrer gütigen Erlaubnis! Mein Stück ist durchgefallen –

Fischer: Wem sagen Sie denn das?

Müller: Wir haben's bemerkt.

Dichter: Die Schuld liegt vielleicht nicht ganz an mir –

Müller: An wem denn sonst, daß wir hier einen würdigen jungen Mann gebunden halten müssen, der sonst wie ein Rasender um sich schlägt? Wer hat denn sonst wohl schuld, als Sie, daß wir alle konfuse im Kopfe sind?

Schlosser: Erleuchteter Mann! nicht wahr, Ihr hohes Schauspiel ist eine mystische Theorie und Offenbarung über die Natur der Liebe?

Dichter: Daß ich nicht wüßte; ich wollte nur den Versuch machen, Sie alle in die entfernten Empfindungen Ihrer Kinderjahre zurückzuversetzen, daß Sie dadurch das dargestellte Märchen empfunden hätten, ohne es doch für etwas Wichtigeres zu halten, als es sein sollte.

Leutner: Das geht nicht so leicht, mein guter Mann.

Dichter: Sie hätten dann freilich Ihre ganze Ausbildung auf zwei Stunden beiseit legen müssen. –

Fischer: Wie ist denn das möglich?

Dichter: Ihre Kenntnisse vergessen –

Müller: Warum nicht gar!

Dichter: Ebenso, was sie in Journalen getan haben.

Müller: Seht nur die Foderungen!

Dichter: Kurz, Sie hätten wieder zu Kindern werden müssen.

Fischer: Aber wir danken Gott, daß wir es nicht mehr sind.

Leutner: Unsere Ausbildung hat uns Mühe und Angstschweiß genug gekostet.

Man trommelt von neuem.

Souffleur: Versuchen Sie ein paar Verse zu machen, Herr Dichter; vielleicht bekommen sie dann mehr Respekt vor Ihnen.

Dichter: Vielleicht fällt mir eine Xenie ein.

Souffleur: Was ist das?

Dichter: Eine neuerfundene Dichtungsart, die sich besser fühlen als beschreiben läßt.

Gegen das Parterre:

Publikum, soll mich dein Urteil nur einigermaßen belehren,
Zeig erst, daß du mich nur einigermaßen verstehst.

Es wird aus dem Parterre mit verdorbenen Birnen und Äpfeln und zusammengerolltem Papier nach ihm geworfen.

Dichter: Die Herren da unten sind mir in dieser Dichtungsart zu stark.

Müller: Kommen Sie, Herr Fischer und Herr Leutner, daß wir den Herrn Schlosser als ein Opfer der Kunst nach seinem Hause schleppen.

Schlosser, *indem sie ihn fortschleppen*: Zieht nur, wie ihr wollt, ihr gemeinen Seelen, das Licht der Liebe und der Wahrheit wird dennoch die Welt durchdringen. *Alle gehn ab.*

Dichter: Ich gehe auch nach Hause.

Bötticher: St! St! Herr Poet!

Dichter: Was ist Ihnen gefällig?

Bötticher: Ich bin nicht unter Ihren Gegnern gewesen, aber das hinreißende Spiel des einzigen Mannes, welcher den tugendhaften Hinze dargestellt, hat mich etwas gehindert, die Kunst der dramatischen Komposition ganz zu fassen, der ich aber auch ohne das gern ihr Recht widerfahren lasse; jetzt wollte ich nur fragen, ob dieser große Mensch noch auf dem Theater verweilt?

Dichter: Nein. Was wollten Sie aber mit ihm?

Bötticher: Nichts als ihn ein weniges anbeten und seine Größe erläutern. – Reichen Sie mir doch gefälligst den Knebel dort her, den ich als ein Denkmal von der Barbarei meines Zeitalters und unsrer Landsleute aufbewahren will.

Dichter: Hier.

Bötticher: Ich werde mich Ihrer Gefälligkeit immer mit Dankbarkeit erinnern. *Geht ab.*

Dichter: O du undankbares Jahrhundert! *Geht ab. Die wenigen, die noch im Theater waren, gehn nach Hause.*